AF619521

1939-1945
WORLD WAR TWO

AUTORE

Paolo Crippa (23 aprile 1978) coltiva sin dai tempi del Liceo la passione per la Storia italiana, soprattutto della Seconda Guerra Mondiale. Le sue ricerche si incentrano soprattutto nel campo della storia militare ed in particolare sulle unità corazzate a partire dagli anni '30 fino alla fine della Seconda Guerra Mondiale. Nel 2006 pubblica il suo primo volume, "I Reparti Corazzati della Repubblica Sociale Italiana 1943/1945", prima ricerca organica compiuta e pubblicata in Italia sull'argomento, a cui fanno seguito "Duecento Volti della R.S.I." (2007), "Un anno con il 27° Reggimento Artiglieria Legnano" (2011) e "I reparti controguerriglia della R.S.I." (2020). Ha all'attivo più di quaranta articoli per le riviste Milites, Historica Nuova, SGM – Seconda Guerra Mondiale, Batailes & Blindes, Ritterkreuz, Fronti di Guerra, Mezzi Corazzati, Storia & Battaglie, Umago Viva, La Martinella e Storia del Novecento, sia come autore, sia in collaborazione con altri ricercatori ed ha realizzato collaborazioni e consulenze per altri autori nella stesura di testi storico – uniformologici. Dal 2019 collabora con Luca Cristini Editore nella realizzazione della collana "Witness to War" e dal 2020 ne è il Direttore. Con Mattioli 1885 ha pubblicato "Italia 43-45. I blindati di circostanza della guerra civile" (2014), "I mezzi corazzati italiani della guerra civile 1943-1945" (2015) e "Italia 43-45. I mezzi delle Unità cobelligeranti" (2018).

PUBLISHING'S NOTES

LICENSES COMMONS

For a complete list of Soldiershop titles please contact Luca Cristini Editore on our website: www.soldiershop.com or www.cristinieditore.com. E-mail: info@soldiershop.com

Titolo: **IL GRUPPO CORAZZATO DEL "LEONCELLO"** Code.: **WTW-027 IT** Di Paolo Crippa ISBN code: 978-88-93277785 prima edizione agosto 2021
Lingua: Italiano Nr. di immagini: x dimensione: 177,8x254mm Cover & Art Design: Luca S. Cristini

WITNESS TO WAR (SOLDIERSHOP) is a trademark of Luca Cristini Editore, via Orio, 35/4 - 24050 Zanica (BG) ITALY.

WITNESS TO WAR

IL GRUPPO CORAZZATO DEL "LEONCELLO"

PHOTOS & IMAGES FROM WORLD WARTIME ARCHIVES

PAOLO CRIPPA

INDICE

INTRODUZIONE

La ricostituzione di un Esercito fu, per la Repubblica Sociale Italiana, un processo difficoltoso, in parte osteggiato in maniera decisa da parte tedesca, che accettò di lasciare formare (ed armare) unità italiane solamente a causa del peggioramento della situazione bellica complessiva. I pochi reparti corazzati sorsero per lo più per iniziativa personale di alcuni ufficiali e, proprio per questo motivo, ebbero dimensioni ridotte. Talvolta la penuria di mezzi corazzati, che originò reparti dotati di blindati eterogenei perlopiù recuperati dai magazzini del Regio Esercito, fu colmata grazie a rapporti di personale fiducia instauratisi tra gli ufficiali comandanti le unità corazzate italiane e le autorità militari germaniche. All'inizio del 1944 si tentò addirittura di ricorrere all'aiuto dei cittadini, aprendo delle sottoscrizioni pubbliche , con le quali si intendeva raccogliere denaro per armare le unità combattenti. Queste sottoscrizioni ebbero effettivamente un buon successo e continuarono praticamente fino alla fine delle ostilità e grazie ad esse furono acquistate armi e persino un aeroplano. Limitandosi al campo dei mezzi blindati , ricordiamo ad esempio che alla fine di febbraio del 1944 la Federazione dei Fasci e l'Associazione Combattenti di Milano lanciarono una campagna per l'acquisto di un carro armato da regalare al primo reparto Carrista formato da reclute lombarde; anche se l'iniziativa ebbe un notevole successo, non fu purtroppo acquistato nessun mezzo.

Quelli che furono all'epoca i progetti di creazione di nuovi reparti corazzati per il neonato Esercito Repubblicano non portarono a nessun concreto risultato, se non alla costituzione del piccolo Gruppo Corazzato del "Leoncello". Il più numeroso ed efficiente reparto corazzato che si costituì nel territorio della R.S.I. non fu infatti un'unità dell'Esercito, bensì della Guardia Nazionale Repubblicana, il Gruppo Corazzato M "Leonessa", della consistenza di una brigata leggera[1]. L'Esercito Nazionale Repubblicano riuscì ad allineare soltanto il Gruppo Corazzato del "Leoncello", dipendente direttamente dal Ministero delle Forze Armate, un piccolo Gruppo Esplorante presso il Raggruppamento Anti Partigiani[2] ed il Gruppo Squadroni "San Giusto"[3]. Quest'ultimo però, costituitosi già all'indomani dell'Armistizio per iniziativa autonoma del proprio comandante, capitano Agostino Tonegutti, dipendeva, di fatto, dai comandi germanici della Zona d'Operazioni del Litorale Adriatico.

È altresì indicativo il fatto che nessun reparto corazzato della R.S.I. ricevette la bandiera di guerra; solamente al "Leonessa" della G.N.R. fu consegnato il proprio vessillo a Milano in 25 luglio 1944, nel

1 Per un approfondimento sul Gruppo Corazzato M "Leonessa": Crippa Paolo, "I carristi di Mussolini - Il Gruppo Corazzato "Leonessa" dalla MVSN alla RSI", Soldiershop Publishing, Zanica (BG), 2019.

2 Si trattò di una unità di appoggio ai reparti impegnati nella lotta contro le bande partigiane in Piemonte, dotato di una ventina di mezzi corazzati molto assortiti, impiegata sempre in maniera frazionata e mai unitaria. Per un approfondimento: Crippa Paolo, Cucut Carlo, "I reparti controguerriglia della R.S.I.", Marvia Edizioni, Voghera (PV), 2020.

3 Il Gruppo Esplorante del Raggruppamento Anti Partigiani non faceva parte della Fanteria Carrista, ma dipendeva dal Comando Contro Guerriglia, così come il Gruppo Squadroni Corazzati "San Giusto" faceva parte dell'arma di Cavalleria, pertanto il Gruppo Corazzato del "Leoncello" ed i due Depositi, quello del 32° Reggimento Carristi di Verona e quello del 31° Reggimento Carristi di Siena, confluiti successivamente nel 1° Deposito Carristi, furono le uniche unità Carriste della Repubblica Sociale. Un fatto curioso è che i due unici Gruppi corazzati dell'Esercito, il "San Giusto" ed il "Leoncello" non erano comandati da ufficiali dei Carristi, bensì da due capitani di Cavalleria.

corso della grande manifestazione organizzata in occasione dell'anniversario del "colpo di stato" che rovesciò Mussolini l'anno precedente, e nel corso della quale il comandante della Guardia Nazionale Repubblicana, generale Renato Ricci, consegnò la bandiera di guerra a numerosi reparti dipendenti dal suo Comando.

Ringraziamenti

La stesura di questo testo è stata una piacevole sfida, sia poiché la documentazione sul Gruppo "Leoncello" è molto scarsa, sia perché la poca disponibile è dispersa presso Enti, Istituti e Musei, senza soluzione di continuità, sia, è triste constatarlo, per la mancanza di disponibilità di alcuni curatori di queste istituzioni.

Sento perciò il dovere di ringraziare chi invece si è prodigato per aiutarmi ad approfondire il mio studio. In primo luogo, per dovere di cavalleria, cito la dottoressa Cinzia Pasini, curatrice della Biblioteca del Centro Storico R.S.I. di Salò (BS), il cui intervento risolutore mi ha permesso di scoprire moltissimi carteggi inediti relativi al "Leoncello", conservati nel Fondo Archivistico "Vittorio Martinelli". Un grazie alla professoressa Maria Nisi Pignato, moglie del compianto professor Nicola Pignato, che mi ha gentilmente concesso l'utilizzo di alcuni documenti provenienti dal prezioso archivio di suo marito. Desidero poi ricordare gli amici Amilcare Fossati e Massimo Galluzzi, che mi hanno supportato nella ricerca di copie della rivista "Il Leoncello" presso la Biblioteca Civica di Tortona e che mi hanno fornito alcune "gustose" fotografie di Gian Carlo Zuccaro, ed il compagno di numerose ed avventurose ricerche Luigi Manes; un grazie a Riccardo Pantanelli, che ogni volta mi stupisce con mirabolanti pezzi provenienti dalla sua collezione di uniformi; fondamentale l'apporto dell'amico Antonio Tallillo, che come al solito riesce a scovare delle vere preziosità fotografiche e documentali. Non voglio dimenticare, ultimi ma non per merito, il Generale Emilio Ratti ed il Colonnello Maurizio Parri, che mi hanno permesso di mettermi in contatto con l'Ufficio Storico dello Stato Maggiore dell'Esercito. A tal proposito, ringrazio il Funzionario Amministrativo Filippo Vignato, addetto alla 2ª Sezione, ed il Tenente Colonnello Emilio Tirone, Capo della 2ª Sezione - Archivio dell'Ufficio Storico dello Stato Maggiore dell'Esercito.

Senza di Voi non sarei riuscito ad arrivare in fondo a questa ricerca: GRAZIE!

L'Autore

I PROGETTI PER LA CREAZIONE DI REPARTI CORAZZATI NELLA REPUBBLICA SOCIALE

All'atto dell'Armistizio i reparti corazzati del Regio Esercito dislocati nei dintorni di Roma parteciparono agli scontri contro gli ex – alleati tedeschi il 9 ed il 10 settembre; si trattava principalmente di unità del Reggimento "Lancieri di Montebello", della Divisione Corazzata "Ariete", del 4° Reggimento Carristi, della "Centauro II" e del DCI Gruppo Semoventi da 105/25. Reazioni contro i tedeschi si ebbero anche da parte del XIX Battaglione Carri a Piombino e del CCCXXXIII Battaglione Complementi Carristi a Parma. Gli altri reparti Carristi e di Cavalleria corazzata italiani , invece, si dissolsero senza combattere, sia in Italia che all'estero, e praticamente tutti i loro materiali furono incamerati dai Tedeschi[4].

Dare vita a nuove unità carriste, che si erano rivelate fondamentale negli scontri di terra nel corso della Seconda Guerra Mondiale, fu un obiettivo tanto ambizioso ma altrettanto chiaro per le autorità militari repubblicane fin dai primi giorni della Repubblica Sociale. Nell'ottobre 1943 iniziarono le trattative per la costituzione di nuove grandi unità italiane e, nelle linee generali di impostazione delle loro strutture, fu previsto l'inserimento di unità corazzate. In seguito ad accordi italo – tedeschi tra lo Stato Maggiore dell'Esercito Repubblicano e l'Heersgruppe B, fu stabilito che il personale Carrista, che avrebbe dovuto costituire questi reparti blindati, doveva essere inviato alla Panzertruppenschule di Bergen, dove sarebbe stato addestrato secondo i canoni tedeschi. Negli accordi (16 ottobre 1943) tra il generale Buhle, Chef des Heeresstabes beim OKW, ed il colonnello Canevari, Segretario Generale del Ministero della Difesa Nazionale, era prevista la costituzione di 4 Divisioni di Fanteria italiane, a cui ne sarebbero seguite altre 4, oltre ad una nona Divisione corazzata, formata con militari italiani, che avevano già prestato servizio presso unità motorizzate o corazzate, addestrati presso la Panzertruppenschule di Wünsdorf (Bergen).

Questo progetto fu però il primo di una lunga serie di idee abortite: infatti già alla fine dello stesso mese di ottobre furono diramate indicazioni per formare a San Michele, frazione di Verona, un Battaglione Addestramento Carristi, "Reparto Addestramento per Truppe Corazzate" formato prevalentemente da personale proveniente dalla Divisione Corazzata "Centauro"[5], che all'epoca si trovava ancora a Roma. Il "Reparto Addestramento Corazzato" avrebbe dovuto essere costituito su:

- Compagnia Addestramento Cacciatori di Carri;
- Compagnia Addestramento Autoblindo;
- Compagnia Corazzata Leggera.

Documenti della prima metà del dicembre 1943 menzionano la creazione, sempre a Verona, oltre al Battaglione Carri (il sopra citato "Reparto Addestramento Corazzato"), di una Batteria Semoventi, che non sarà però costituita.

4 Per un approfondimento: Crippa Paolo, "I reparti corazzati del Regio Esercito e l'Armistizio", volumi 1 e 2, Soldiershop Publishing, Zanica (BG), 2021.

5 Si trattava dei resti della 1ª Divisione Corazzata Legionaria "M", che dopo la caduta del regime fascista aveva mutato denominazione. Secondo questo progetto la Divisione sarebbe dovuta passare alla dipendenza dello Stato Maggiore dell'Esercito. È noto che la Divisione in realtà diede origine al Gruppo Corazzato "Leonessa" della Guardia Nazionale Repubblicana.

Già nel mese di novembre del 1943 a Montorio Veronese era stata organizzata una Compagnia Addestramento Italiana, formata da solo militari italiani, all'interno del Panzer–Ausbildungs–Abteilung–Süd, unità che istruiva Carristi tedeschi all'uso di mezzi blindati italiani, da impegnare al fronte sud. La Compagnia, al comando del tenente Alberto Santurro, probabilmente, era destinata a fornire poi personale alla Batteria Semoventi poc'anzi citata[6]. Istruiti da sottufficiali tedeschi, questi volontari italiani seguirono un percorso formativo molto intenso, ma non furono effettivamente impiegati in unità corazzate tedesche. Infatti, a partire tra giugno ed agosto dell'anno successivo, la compagnia fu praticamente sciolta e tutti i militari italiani furono inviati al proprio Distretto o in altri reparti della Repubblica Sociale.
Secondo le indicazioni diramate il 31 dicembre 1943 dall'Ufficio Operazioni e Servizi dello Stato Maggiore, il Battaglione Corazzato destinato alla 1ª Divisione d'Assalto, si sarebbe dovuto trasferire da Verona a Vercelli, per essere inserito nella grande unità ed essere poi avviato a Münsingen. Il Battaglione doveva organizzarsi su:

- Comandante
- Ufficiali del Comandante (5 ufficiali)
- Compagnia Comando (4 ufficiali, 12 sottufficiali e 50 uomini di truppa)
- 3 Compagnie Carri (15 ufficiali, 78 sottufficiali e 480 uomini di truppa)

per una forza totale di 25 ufficiali, 90 sottufficiali e 530 uomini di truppa.
Nel frattempo, era anche stato dato avvio al bando di arruolamento per i Carristi, nel dicembre del 1943, rivolto non soltanto a nuove reclute, ma anche (e soprattutto) ai Carristi dei disciolti reparti del Regio Esercito. Questo bando ebbe un discreto successo, tanto che nei primi mesi del 1944 si erano presentate alcune centinaia di volontari presso i Depositi delle unità corazzate, riaperti nelle sedi precedenti all'Armistizio. Probabilmente proprio a seguito dell'arrivo dei primi Carristi nei Depositi, il 10 gennaio 1944 lo Stato Maggiore dell'Esercito emanò l'ordine di concentrare tutto il personale Carrista del Centro – Nord Italia presso due sedi principali, cioè presso il 32° Deposito Carristi a San Michele e Montorio Veronese, dove dovevano essere avviati i militari destinati alla costituzione del Battaglione Corazzato per la 1ª Divisione d'Assalto e della Batteria Semoventi, e a Siena, sede del 31° Deposito Carristi, dove si sarebbero concentrati tutti gli altri Carristi. Il Battaglione Carri della 1ª Divisione d'Assalto fu però eliminato successivamente dall'organigramma della grande unità.
Tra gennaio e maggio 1944 risultava esistente a Firenze un altro reparto della specialità carrista, lo Squadrone Autonomo Carristi, con un organico complessivo di 85 uomini, di cui non sono purtroppo noti ulteriori dettagli né la sorte.
Il 27 gennaio giunse allo Stato Maggiore dell'Esercito una comunicazione dal 203° Comando Militare Regionale, che informava che il Battaglione Carristi era in procinto di trasferirsi da Verona a Vercelli, per una forza composta da 1 ufficiale comandante, 25 ufficiali inferiori, 30 sottufficiali

6 I volontari di questa Compagnia indossavano la divisa grigioverde italiana con le mostrine rosso blu dei Carristi; era previsto che questa uniforme venisse sostituita

e 403 uomini di truppa, per essere inquadrati nella 1ª Divisione d'Assalto. Nella stessa data, però Il Battaglione Carri fu tolto dall'organico della Divisione dallo Stato Maggiore dell'Esercito. È da notare che però, con ogni probabilità, il personale fu comunque inviato a Vercelli e che fu integrato nella Grande Unità con altre mansioni.

Fu disposto l'invio di un'aliquota di Carristi da Siena Il 2 febbraio al "Reparto Addestramento Corazzato" di San Michele, che partì il 5 da Siena: si trattava di 1 capitano, 6 tenenti 41 sottotenenti, 17 sottufficiali e 30 Carristi. Questa unità, che doveva essere una vera e propria scuola per i reparti corazzati, ebbe però vita breve ed il personale fu intatti trasferito al Deposito Carristi di Verona probabilmente il successivo mese di marzo, tanto che il "Reparto Addestramento Corazzato" non compare più nelle relazioni a partire da aprile.

In una data estremamente significativa, cioè esattamente 6 mesi dopo l'Armistizio, Il 9 febbraio 1944 i militari della Repubblica Sociale Italiana giurarono fedeltà al nuovo organismo statale e anche i Carristi dei Depositi prestarono giuramento. È pervenuta testimonianza di un militare del Deposito di Verona, che in una lettera al padrè scrisse: "*Oggi ha avuto luogo la cerimonia solenne del giuramento, presente Graziani che ha parlato. Noi siamo stati vestiti tutti ieri. La sartoria ci deve ancora mandare i calzoni, nel frattempo ce li ha prestati la Milizia*"[7].

Dopo pochi giorni dal giuramento, subentrò una riorganizzazione degli organismi dei Carristi ed i due Depositi, quello di Siena e di Verona, furono accorpati in un unico centro di mobilitazione nella città Scaligera, il 1° Deposito Carristi, di cui parleremo diffusamente nel prossimo capitolo.

Come si può rilevare da un documento del 31 marzo, che riassume la situazione delle quattro Divisioni in formazione in Germania, si rileva che lo Stato Maggiore dell'Esercito aveva stabilito di dotare le grandi unità di un battaglione carri armati o semoventi, ad eccezione della Divisone "San Marco"[8]. La 1ª Divisione "Italia" avrebbe dovuto avere in organico il III Battaglione del 31° Reggimento Carristi, che in toto aveva rifiutato l'Armistizio e si era schierato con i Tedeschi nei Balcani; al momento della stesura del documento, il Battaglione si stava trasferendo da Podgorica ad Heuberg (indicata erroneamente come Henberg nel documento), dove si stava organizzano la Divisione[9]. La 2ª Divisione "Littorio" avrebbe invece ricevuto un reparto di Carristi non specificato nel prospetto, che era ancora in formazione nel vercellese, così come risultava ancora in formazione il I Battaglione Carristi a Verona, che avrebbe dovuto essere assegnato alla Divisione "Monterosa"[10].

A metà del 1944 fu compiuto un ultimo tentativo di costituire un gruppo corazzato, da addestrare in Germania, costituito da ex Carristi a partire dal mese di luglio.

7 Testimonianza del Carrista Ferdinando G, in forza alla 1ª Compagnia del 1° Battaglione Addestramento del 32° Deposito Carristi di Verona, lettera in copia in possesso dell'autore.

8 Documento citato in, "La formazione delle forze armate di Salò attraverso i documenti dello Stato Maggiore della RSI", articolo di Scalpelli Adolfo, citato in bibliografia.

9 In realtà il Battaglione nella seconda metà del febbraio 1944 fu trasferito in Germania presso il campo di Müsingen, con l'obiettivo di costituire un battaglione corazzato per la 1° Divisione d'Assalto, che allora era in fase di costituzione, almeno sulla carta. Naufragato questo progetto, il Battaglione non fu mai costituito ed i carristi andarono a formare il Battaglione logistico della Divisione "Monterosa". I carri furono lasciati in Montenegro ed impiegati dalle truppe tedesche.

10 Nessuno di questi Battaglioni fu effettivamente costituito, tanto che, in un successivo documento dello Stato Maggiore inerente alle Grandi Unità del 5 agosto 1944, tali Battaglioni non vengono più menzionati.

Infatti, il 14 giugno lo Stato maggiore dell'Esercito comunicava di avere ricevuto disponibilità da parte dell'Oberkommando der Wehrmacht a costituire un gruppo corazzato ed il 23 giugno giunse informazione che l'inizio del corso era previsto per il successivo 3 luglio e che era necessario inviare 13 ufficiali Carristi, 3 ufficiali d'amministrazione, 41 sottufficiali e 109 uomini di truppa alla Panzertruppenschule di Bergen, personale che fu richiesto al 1° Deposito Carristi di Verona. In effetti in un promemoria dell'Oberkommando des Heres era segnalata la presenza di un'unità corazzata tra le forze repubblicane, ma da altri fonti risulta[11] che in realtà furono inviati solo 4 ufficiali Carristi, i quali vennero fatti rimpatriare dai comandi germanici il 23 agosto, poiché non era giunto altro personale Carrista dall'Italia, annullando così la formazione del gruppo corazzato italiano.

Alla fine del 1944 gli alti comandi tedeschi in Italia formularono una nuova ipotesi, cioè unificare i (pochi) reparti corazzati della Repubblica Sociale e di utilizzarli per formare compagnie di semoventi da inserire nelle quattro Divisioni dell'Esercito Nazionale Repubblicano, che erano prive di componenti blindate. Nemmeno questo programma però fu portato avanti e solo in un organigramma di fonte tedesca, datato 5 aprile 1945, risultano in carico alla 1ª Divisione Bersaglieri "Italia" 9 semoventi da 75/18, anche se si tratta, probabilmente, di una disponibilità solamente teorica[12].

Nei primi giorni del 1945 lo Stato Maggiore dell'Esercito, vista l'evoluzione della situazione bellica complessiva, che impegnava le Forze Armate repubblicane nel duplice compito di dover fronteggiare l'avanzata degli Anglo – Americani e di tentare quantomeno di arginare il movimento partigiano, che acquistava via via sempre maggiore incisività, valutò l'ipotesi di riorganizzare i due reparti corazzati impegnati nella lotta controbanda, cioè il Gruppo Esplorante del Raggruppamento Anti Partigiani ed il Gruppo Corazzato M "Leonessa". Questa analisi in realtà non fu fatta casualmente, ma faceva seguito al discorso tenuto da Mussolini al Teatro Lirico a Milano il 16 dicembre 1944, nel corso del quale il Duce caldeggiò una riunificazione in organismi più articolati e più efficienti della miriade di reparti che si erano formati in maniera entusiastica e volontaria subito dopo l'Armistizio. In una nota del 25 febbraio il generale Mischi, capo di Stato Maggiore dell'Esercito, avanzò una proposta di rimpasto delle due citate unità blindate, ipotesi basata sul fatto che i mezzi corazzati più pesanti non avevano un impiego efficace nella controguerriglia. Stando a questa nota, a quella data il Gruppo Corazzato M "Leonessa" poteva disporre di questi mezzi corazzati:

- 12 autoblindo;
- 12 carri L3;
- 3 carri L6, presumibilmente un carro e 2 semoventi;
- 10 carri tra M13 ed M14;

---

11 Lettera del capitano Gian Carlo Zuccaro a Mussolini del 23 agosto 1944, conservata presso l'Archivio Centrale dello Stato.

12 La relazione tedesca afferma che a marzo del 1945 il Gruppo Esplorante Divisionale della Divisione "Italia" (1.(ital.) Inf. Div.) disponeva di 9 semoventi M42 da 75/18 (9 StuG M42/L18), ma la loro presenza presso l'unità non è confermata da nessun altro documento. È evidente che si trattava solamente di una dotazione teorica.

- 10 carri M15;
- 30 motociclette;
- 1 batteria di cannoni da 75/27.

Inoltre, risultava che un numero non precisato di carri M13 ed M14 fosse in corso di riparazione e che i tedeschi avessero intenzione di cedere al Gruppo 24 semoventi da 75/34. Non vengono purtroppo citati in questa nota né i veicoli protetti, né i mezzi logistici del "Leonessa" e dunque non si hanno notizie sulla consistenza di queste tipologie di mezzi. Nel numero dei carri M15 vanno quasi certamente considerati anche i due Carri Comando per Batterie Semoventi del Gruppo, la cui presenza è testimoniata da documentazione fotografica proprio del febbraio 1945. Infine, è possibile notare come non sia specificato il modello delle autoblinde: certamente si tratta di AB41, ma non dobbiamo dimenticare che al momento della stesura del documento almeno ancora una AS43 Carrozzeria Speciale era a disposizione del Gruppo Corazzato M "Leonessa".

Il Raggruppamento Anti Partigiani disponeva invece di:

- 1 autoblindo (dalla documentazione disponibile si trattava di una AB41);
- 2 carri M13;
- 1 semovente L40;
- 17 carri L3, di cui 6 in corso di riparazione.

Da questo piano di riassetto rimasero esclusi, come si nota, sia il Gruppo Squadroni Corazzati "San Giusto" che il "Leoncello", il primo perché dipendente dal Comando tedesco dell'O.Z.A.K., il secondo perché doveva probabilmente rimanere a diretta disposizione del Ministero delle Forze Armate. Mischi, dunque, consigliava di riunire i blindati più leggeri, L3 ed L6, e la batteria da 75/27 presso il Raggruppamento Anti Partigiani, che avrebbe continuato ad essere impiegato nella lotta contro i partigiani. Le autoblindo, i carri medi ed i "fantomatici" semoventi da 75/34, che i tedeschi avrebbero dovuto cedere al "Leonessa", sarebbero andati a costituire un reparto esplorante ed un gruppo corazzato da impiegarsi sul Fronte Sud contro gli Alleati, andando così a sposare anche il desiderio espresso dai Legionari del "Leonessa" di scendere in campo contro gli Anglo – Americani. La stessa necessità di razionalizzare i reparti corazzati repubblicani era stata manifestata anche dal Generale ispettore delle truppe corazzate tedesche dell'Aufstellungsstab Süd nel rapporto mensile relativo al mese di gennaio 1945. Questa possibile riorganizzazione purtroppo rimase però solamente un progetto, probabilmente a causa del precipitare degli eventi. Il "Leonessa" non ricevette i promessi semoventi dalle Forze Armate tedesche e tutte le unità corazzate della Repubblica Sociale continuarono la propria attività, andando incontro alla ormai ineluttabile fine della guerra e del Fascismo repubblicano, senza avere trovato la tanto sospirata organicità.

È doveroso ricordare che ci fu un ulteriore, ultimo e tardivo, tentativo di organizzare un reparto corazzato, da impiegare per l'estrema difesa del Fascismo Repubblicano, all'interno del vacuo progetto di costituzione di un baluardo in Valtellina, il vagheggiato "Ridotto Alpino Repubblicano". Quando alla fine del 1944 furono stesi i piani di massima per la realizzazione della fortezza repubblicana, grande cura fu messa nel valutare la consistenza delle forze armate che avrebbero dovuto garantire la sicurezza dell'area. Anche su questo argomento regnava un eccessivo ottimismo, tanto che fu prevista la presenza di alcuni reparti corazzati di una certa consistenza, nonostante, nello stesso periodo, l'Esercito Repubblicano fosse in grado di schierare poche decine di mezzi blindati: "*In relazione al compito da affidare alla Riserva, che contempla anche la probabilità di dover forzare il passaggio verso zone ancora libere, sembra indispensabile dover disporre di almeno due reggimenti motorizzati rinforzati da almeno un battaglione corazzato e da almeno un gruppo di artiglieria, possibilmente dotati di pezzi semoventi [...]. Complessivamente, pertanto, occorrono per la difesa della zona che interessa:*

- *otto reggimenti di fanteria (su tre battaglioni) di cui uno alpino;*
- *undici gruppi di artiglieria, di cui dieci divisionale e da montagna, uno semovente; un battaglione carri*[13]".

Risulta evidente come, in una situazione di difficoltà come quella in cui versavano le Forze Armate repubblicane, un piano del genere fosse quantomeno velleitario. Qualche modesto, modestissimo, tentativo di inviare mezzi corazzati in Valtellina fu comunque fatto, già nelle ultime settimane di guerra. Le prime tracce sicure della presenza di mezzi corazzati nella zona di Sondrio si possono rilevare in una relazione del comandante "Camillo" (Giuseppe Motta) della 1ª Divisione alpina partigiana "Valtellina", presumibilmente dell'inizio di aprile del 1945: "*Tirano: reparti fascisti per un complesso di 550 uomini affluiti per il rastrellamento dell'Alta Valle e dotati di artiglieria, carri armati ed autoblinde*[14]". La presenza di blindati in Valtellina sul finire della guerra viene confermata anche dal ricercatore William Marconi nel libro "L'aprile del 1945 fra Tirano e Grosio", dove si legge che nell'aprile 1945 "*i fascisti avevano* [...] *mitragliere da 20 mm (montate su autocarro, date le loro dimensioni e peso), cannoni da 75 mm, pugni corazzati (Panzerfaust), autoblinde ed un carro armato*[15]". I mezzi corazzati dovrebbero essere stati in tutto tre, due autoblindo, di cui almeno una AS43 Blindata, ed un carro armato L6/40, fotografati a più riprese nei giorni cruciali di aprile da un testimone famoso come Giorgio Pisanò. I mezzi erano, con ogni probabilità, del Gruppo Corazzato Leonessa della G.N.R. e furono protagonisti dei cruenti scontri che si tennero in provincia di Sondrio dopo il 25 aprile, noti a molti come "Battaglia di Tirano"[16].

13 A.C.S., Carte Barracu, busta 1, fascicolo n°8.

14 La relazione "Situazione delle forze nemiche in Alta Valtellina", da cui è tratto questo passaggio, è datata erroneamente 24 ottobre 1944; nel testo viene menzionata infatti la presenza di miliziani francesi collaborazionisti che arrivarono in valle alla fine di marzo del 1945. I grandi rastrellamenti compiuti dai reparti repubblicani in alta valle, citati nella stessa relazione, ebbero inoltre inizio il 5 aprile 1945.

15 Marconi William, "L'aprile del 1945 fra Tirano e Grosio", opera citata in bibliografia.

16 Per maggiori approfondimenti sulla Battaglia di Tirano e sulla presenza dei corazzati in Valtellina si veda l'articolo "I blindati della battaglia di Tirano 27- 28 aprile 1945" in "SGM – Seconda Guerra Mondiale", articolo citato in bibliografia.

NUOVE UNIFORMI PER I CARRISTI

Il 14 febbraio 1944 fu emanata la circolare n°216/CSM dello Stato Maggiore dell'Esercito, che doveva regolamentare gli attributi delle uniformi dell'Esercito, stabilendo che i Carristi avrebbero dovuto portare fiamme a tre punte di colore azzurro scuro.

Il 1° settembre dello stesso anno fu poi diramata la più famosa "Istruzione Provvisoria sull'uniforme dell'Esercito Nazionale Repubblicano" da parte del Ministero delle Forze Armate, che normava in maniera rigorosa ogni dettaglio delle divise dell'Esercito della Repubblica Sociale. L'uniforme invernale ordinaria per sottufficiali e truppa doveva essere composta da giubba con colletto chiuso rovesciabile e pantaloni lunghi, con tasconi alle ginocchia, in panno grigioverde, camicia e cravatta, sempre grigioverdi, e scarponcini in cuoio. Gli ufficiali avrebbero dovuto indossare una uniforme simile nel taglio a quella della truppa, realizzata però in panno diagonale e con pantaloni corti con pistagne, da portarsi con gli stivali o con gli scarponcini con i gambali. Il regolamento prevedeva per gli ufficiali anche un'uniforme da campagna: i pantaloni dovevano essere lunghi, come quelli della truppa e, addirittura, era consentito l'uso dell'uniforme in panno da truppa, completata però con gli opportuni distintivi di grado. Il copricapo per gli ufficiali era il berretto rigido o il berretto a busta con visiera (obbligatorio con l'uniforme da campagna), mentre sottufficiali e truppa dovevano portare il basco grigioverde. La normativa confermò l'uso degli indumenti protettivi, giubbone e casco in cuoio, a bordo dei mezzi corazzati e fu introdotta una tuta da fatica turchina in due pezzi. Gli ufficiali completavano l'uniforme con il cinturone e lo spallaccio, mentre la truppa doveva portare un cinturino grigioverde. I distintivi di grado erano portati sull'omero dai sottufficiali e graduati e sulle controspalline dagli ufficiali; le mostrine venivano, come già stabilito dalla precedente circolare, sostituite da fiamme a tre punte turchine caricate da gladi e fu ideato un nuovo fregio per il copricapo, rappresentante un carro armato poggiato su un tondino, dove doveva essere inserito il numero ordinale del Reggimento di appartenenza, e fronde di quercia, il tutto sormontato da un'ala spiegata. Per il periodo estivo la stessa "Istruzione" stabiliva che i Carristi dovessero indossare la medesima uniforme, con giubba sahariana, realizzata però in tela cachi, copricapi compresi.

Di fatto questa nuova uniforme, per il precipitare degli eventi, fu portata da uno spartissimo numero di militari. Sicuramente i Carristi del Deposito Misto di Verona portarono le fiamme a tre punte a partire dal tardo 1944, così come i militari del Gruppo Corazzato "Leoncello", mentre non risulta che il nuovo fregio da copricapo sia mai stato effettivamente adottato.

▲Immagini tratte dalla “Istruzione provvisoria sull’uniforme dell’Esercito Nazionale Repubblicano” del 1° settembre 1944, inerenti alle uniformi degli ufficiali (nello specifico per i Carristi): 1 Berretto da campagna. 2 Fregio per Carristi. 3 Giubba invernale per ufficiale. 4 Giubba sahariana per ufficiale. 5 Pantalone con bande per ufficiale. 6 Stivale a mezza gamba

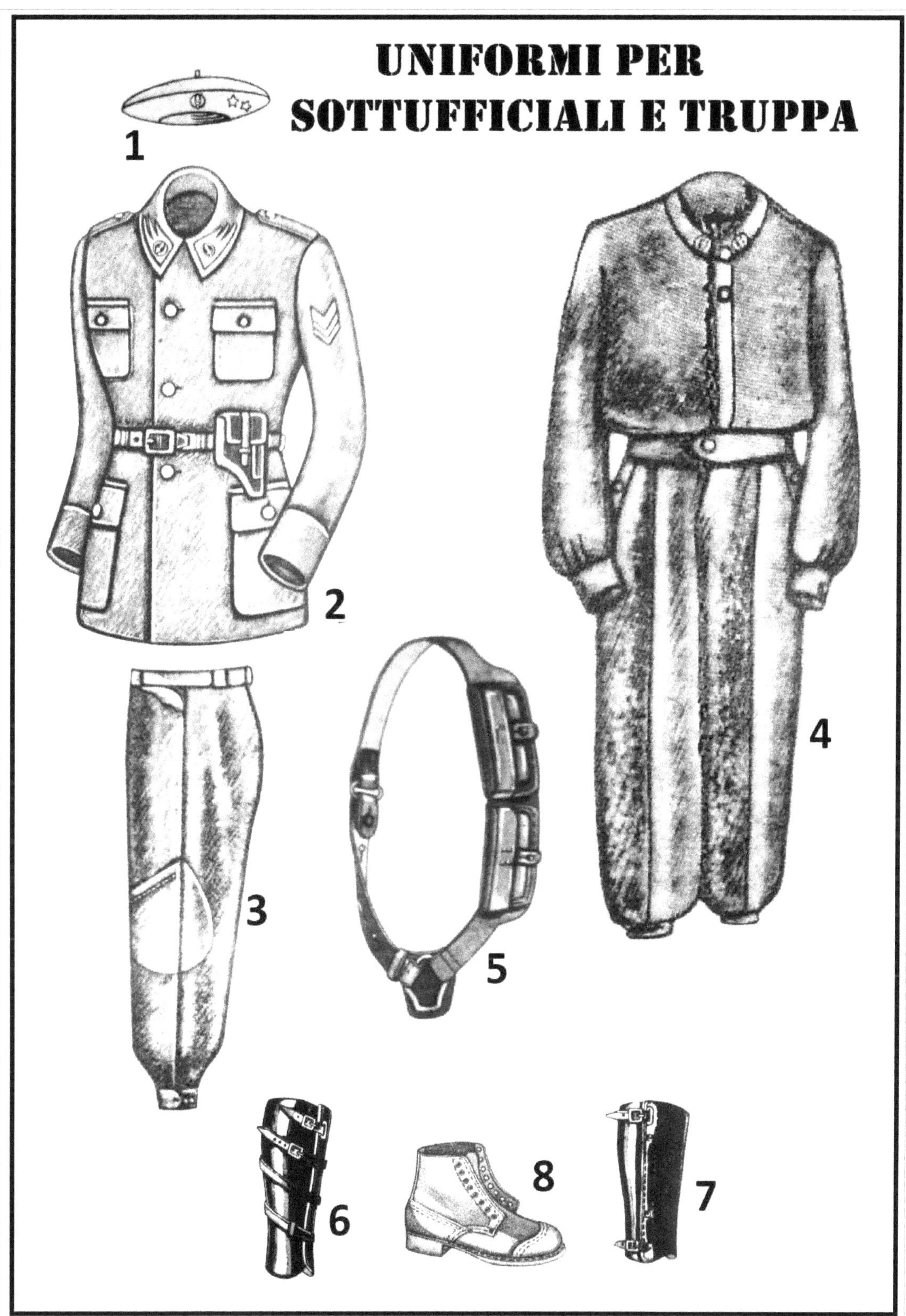

▲Immagini tratte dalla “Istruzione provvisoria sull’uniforme dell’Esercito Nazionale Repubblicano” del 1° settembre 1944, inerenti alle uniformi degli ufficiali (nello specifico per i Carristi): 1Basco. 2 Giubba per sottufficiale e truppa. 3 Pantalone per carrista. 4 Uniforme da fatica (giubbetto e pantaloni). 5 Bandoliera. 6 Gambale per reparti a cavallo. 7 Gambale per ciclisti e motociclisti. 8 Stivaletto.

NORMATIVE PER LE TARGHE DEI MEZZI CORAZZATI

Secondo un'usanza tipicamente italiana, anche la Repubblica Sociale fu molto attenta a regolamentare burocraticamente ogni aspetto della vita e delle attività e questo si esplicitò anche in una pronta normalizzazione delle targhe dei veicoli militari. Infatti, già il 21 novembre 1943, a soli due mesi dalla costituzione ufficiale dello Stato repubblicano, il Ministero dell'Interno inviò ai Prefetti delle Provincie una circolare relativa all'immatricolazione dei mezzi militari, che prescriveva l'obbligo di targare tutti gli automezzi in carico all'Amministrazione Militare ed unità in armi, in attesa che questa attività venisse fatta da un unico ente, in accordo con il Ministero della Difesa.

La circolare prevedeva, per i mezzi blindati dell'Esercito Nazionale Repubblicano, una targa posteriore di 230 X 150 mm (identica nelle dimensioni a quella delle automobili) ed una anteriore dipinta in bianco con numerazione in nero. La targa aveva colore di fondo di colore bianco e doveva recare la scritta in rosso "ESERCITO" ed una numerazione, in nero, le cui ultime tre cifre significative (indicanti cioè le centinaia, le decine e le unità) dovevano essere comprese tra 401 e 500, seguite dalla lettera distintiva dei mezzi corazzati "B" in rosso. Non è chiaro quanta applicazione trovò questa normativa, le fonti iconografiche disponibili mostrano perlopiù blindati privi di targa, i pochi casi noti di mezzi con una targa sembrano però rispettare più o meno completamente le norme contenute in questa circolare. Infatti, un carro L3 lanciafiamme del Gruppo Squadroni Corazzati "San Giusto" recava targa metallica posteriore "ESERCITO 3410", mancante solo della lettera "B", ma per il resto coerente con le regole prescritte[17]. Un carro L3 del Raggruppamento Anti Partigiani presenta sulla prua dello scafo una targa dipinta, con dicitura "ESERCITO 0496 B", perfettamente rispondente al contenuto della circolare del Ministero.

La materia fu definitivamente regolamentata dal Decreto Ministeriale n° 88/5 del 19 febbraio 1945, che confermava l'adozione della dicitura "ESERCITO" in rosso, ma che non forniva specifiche inerenti alla numerazione dei vicoli blindati.

---

17 È probabile che in realtà si trattasse della vecchia targa di immatricolazione del Regio Esercito, a cui era stata semplicemente asportata la sigla R.E., sostituita dalla dicitura estesa "ESERCITO".

IL DEPOSITO CARRISTI DI VERONA

Il 20 febbraio 1944 lo Stato Maggiore dell'Esercito stabilì che dal successivo 1° marzo il Deposito del 32° Reggimento Carristi di Verona sarebbe diventato 1° Deposito Carristi, unico per tutta la specialità Carrista dell'Esercito Nazionale Repubblicano, dato che il Deposito di Siena, il 31°, sarebbe stato sciolto nella stessa data. Il personale, i mezzi ed il materiale del Deposito di Siena dovevano essere trasferiti presso la sede di Verona, in modo da concentrare in un unico organismo i Carristi dislocati presso diverse unità ed organismi.
La struttura provvisoria prevista per il 1° Deposito di Verona, che era inserito nel 203° Comando Militare Regionale, comprendeva:

- Comando Deposito;
- Ufficio Materiali;
- Ufficio Mobilitazione;
- Ufficio Matricola.

con un organico di 14 ufficiali, 16 sottufficiali e 46 Carristi[18]. Primo comandante del Deposito fu il tenente colonnello Enrico Dell'Uva, a cui subentrò in un secondo momento il tenente colonnello Pietro Calini, per un periodo non specificato fu comandate interinale il tenente colonnello Reggio. A livello organizzativo era stato costituito almeno il 1° Battaglione Addestramento ed alcune Compagnie, che avevano sicuramente funzione di addestramento, in un numero purtroppo non precisabile dalla documentazione reperita, sicuramente ne furono formate 4:

- 1ª Compagnia Addestramento[19];
- 4ª Compagnia Deposito Carristi;
- 5ª Compagnia Deposito Carristi;
- 6ª Compagnia Deposito Carristi[20].

Il 23 febbraio l'Ufficio Operazioni e Servizi dello Stato Maggiore dell'Esercito diramò un telegramma a tutti i Comandi militari Regionali che ordinava di destinare tutti gli specialisti già addestrati dei Carristi (piloti, capocarro, meccanici, radiotelegrafisti) delle classi richiamate al Deposito di Verona; pochi giorni dopo, il 28, dallo stesso Ufficio fu inviato un fonogramma, firmato dal generale Gambara, al Comando Militare del Veneto, che dava disposizioni affinché il personale presente presso il 1°

18 Dati riferiti al 14 aprile 1944.
19 La presenza di questa Compagnia si desume da alcune lettere in franchigia, inviate da militari del Deposito nella prima metà del 1944, reperite presso alcune collezioni private.
20 L'esistenza della 4ª, 5ª e 6ª Compagnia è confermata da un trascrizione dei ruolini del Deposito, effettuata nell'immediato dopoguerra, conservata presso l'Ufficio Storico dello Stato Maggiore dell'Esercito, "Elenco nominativo degli ufficiali trascritti nei ruolini tascabili della 4ª, 5ª e 6ª Compagnia deposito carristi (Verona) e nel ruolino tascabile della Compagnia deposito 32° Reggimento fanteria carrista pure di Verona dell'anno 1944", compilata a cura del Comando Territoriale di Bologna il 12 ottobre 1945 (documento citato in bibliografia).

Deposito Carristi venisse inviato al Centro Costituzione Grandi Unità di Vercelli, per costituire delle Compagnie semoventi di cacciatori di carro, da inserire nelle Divisioni in costituzione, ma non è chiaro se fu data attuazione a questo ordine.

Compito del Deposito di Verona fu di formare personale Carrista da tenere a disposizione dello Stato Maggiore e per l'addestramento furono impiegati due carri M13 ed un semovente da 105/25 disponibili presso lo stesso Deposito. Nel corso della sua attività, il Deposito poté fornire personale addestrato al Gruppo Squadroni Corazzati "San Giusto", all'officina della 26. Panzerdivision ed alle Divisioni italiane in costituzione, per formare le unità cacciatori di carri, in particolare alla Divisione "Italia", oltre che al Gruppo Corazzato del "Leoncello", al quale fornì anche equipaggiamento, vestiario e mezzi corazzati.

L'ente fu anche preposto a predisporre il recupero di mezzi corazzati dispersi nelle caserme e nei depositi del disciolto Regio Esercito ed a rimettere in efficienza quelli eventualmente non marcianti per problemi meccanici o non utilizzati per mancanza di equipaggi.

Cronica fu però la carenza di carburante e lubrificanti, che non venivano assegnati al Deposito dai tedeschi, e per questo motivo il Deposito stesso dovette provvedere autonomamente ai suoi fabbisogni, acquistando il necessario direttamente da distributori privati.

Il 21 aprile 1944 nel cortile della caserma, sede del Deposito, si tenne il giuramento delle reclute presenti.

L'organico del Deposito variò in funzione del personale che veniva inviato presso altri reparti: il 1° maggio 1944 risultavano presenti presso il Deposito 6 ufficiali, 22 sottufficiali e 245 Carristi, quindi un numero molto maggiore rispetto alla situazione del 14 aprile poc'anzi citata, mentre il 30 maggio gli effettivi erano scesi a 29 ufficiali, 26 sottufficiali e 85 Carristi. A metà maggio, infatti, facendo seguito ad un ordine dello Stato Maggiore dell'Esercito, furono inviati, al comando del capitano Giovanni Dalla Fontana, 6 ufficiali e 106 militari di truppa al Centro Costituzione Grandi Unità di Vercelli, per essere inquadrati nelle Divisioni "Italia" e "Littorio", in modo da sanare in parte le carenze di personale delle stesse. Nelle settimane successive un'altra dozzina di ufficiali fu inviata in Germania presso il campo di addestramento di Sennelager, dove si trovava la costituenda 2 Divisione Granatieri "Littorio", ma, in breve tempo, questi ufficiali furono rimpatriati e concentrati presso il Deposito di Verona, poiché non era più prevista la costituzione di un reparto carrista all'interno della Grande Unità.

La Direzione Generale della Motorizzazione del Ministero delle Forze Armate inviò il 31 maggio all'Ufficio Automobilistico del 203° Comando Militare Regionale di Padova, che aveva giurisdizione sul Veneto, una comunicazione che autorizzava la rimessa in efficienza di 4 carri armati M13/40 da destinare all'addestramento del personale del 1° Deposito Carristi, "*semprechè la ricostituzione del 1° Deposito Carristi sia stata regolarmente disposta e autorizzata dallo Stato maggiore Esercito*", utilizzando pezzi di ricambio provenienti da quanto recuperato dai Depositi Misti Provinciali, che avevano disciolto i Depositi Carristi.

Stando ad una relazione del tenente colonnello Reggio[21], inviata allo Stato Maggiore dell'Esercito, al 203° Comando Militare Regionale ed al 27° Comando Militare Provinciale, del 17 giugno 1944, erano disponibili presso il Deposito di Verona questi mezzi corazzati, in diverse condizioni di efficienza:

- 3 carri leggeri L3/35
- 1 carro leggero L6/40
- 3 carri medi M13/40
- 3 carri M15/42
- 1 semovente da 105/25.

Oltre a questi, vi era anche un certo numero di autoveicoli:

- 9 autocarri di vario tipo (1 Lancia RO NM, 1 Lancia 3RO, 1 FIAT 15 TER, 2 FIAT 18 BLR, 1 FIAT 626, 1 FIAT 618 e 2 Ceirano C50)
- 1 autobotte Ceirano C47
- 1 autopompa Ceirano C47
- 2 automobili (1 FIAT 508 spider e 1 FIAT 508 berlina)
- 2 motociclette (1 Guzzi 500 sport 14 ed 1 Bianchi 500 M)
- 1 mototriciclo Benelli 500

Tra i mezzi corazzati, erano efficienti solamente 2 carri M13/40 e 3 carri L3, che furono utilizzati per appoggiare operazioni antipartigiani condotte dalla Guardia Nazionale Repubblicana di Verona, mentre gli altri mezzi corazzati disponibili venivano riattati con lentezza a causa della carenza di personale specializzato[22] e di pezzi di ricambio. Alcuni autocarri (5 per la precisione), l'autobotte, il mototriciclo ed una motocicletta erano in condizioni tali da permetterne la completa rimessa in efficienza. I cinque carri armati efficienti, a partire da quella data, dovevano essere revisionati e tenuti a disposizione per il Gabinetto del Ministero delle Forze Armate, che, in data successiva, avrebbe provveduto al ritiro degli stessi[23]. Le richieste di Reggio, necessarie al recupero dei mezzi corazzati e ruotati, furono accolte dallo Stato Maggiore il 15 luglio.

Il 7 luglio 1944 risulta caduto il Caporale Turiacchi Giovanni del Deposito Carristi di Verona, morto per incidente.

Il 1° Deposito Carristi di Verona, che al 1° agosto risultava avere un organico di 30 ufficiali, 35 sottufficiali e 70 uomini di truppa[24], viene citato nel rapporto "Situazione Comandi ed Enti Territoriali

21 "Situazione automezzi e carri armati" del 17 giugno 1944, conservato presso l'Archivio Storico dello Stato Maggiore dell'Esercito, documento citato in bibliografia.

22 Parte degli specialisti, soprattutto meccanici, erano stati infatti inviati sia al Centro Costituzione Grandi Unità di Vercelli, come abbiamo visto in precedenza, sia presso le Officine di alcune unità corazzate germaniche, su ordine dello Stato Maggiore dell'Esercito.

23 Reggio nella sua relazione suggerì anche di creare una sorta di reparto di pronto impiego con i mezzi corazzati efficienti, da utilizzare in appoggio ad operazioni antipartigiani, con l'assegnazione ad esso sia di carristi idonei a costituire equipaggi per i mezzi, sia di operai specializzati per l'officina. Questo fatto, secondo l'ufficiale, avrebbe contribuito ad innalzare il morale dei carristi.

24 "Situazione Comandi Reparti e Servizi nel territorio del 203° Comando Milit. Region. 1° agosto 1944 - XXII", riportato in "La formazione delle forze armate di Salò attraverso i documenti dello Stato maggiore della RSI", di Adolfo Scalpelli, opera citata in bibliografia.

Vari – 5 agosto 1944/XXII" nel Fascicolo 1 "Enti Territoriali vari: è uno degli ultimi documenti ufficiali che lo prende in considerazione prima del suo scioglimento. Infatti, in un Esercito con così scarni reparti corazzati come quello della R.S.I. probabilmente non era giustificata la presenza di un organismo delle dimensioni del Deposito di Verona, che, di fatto, non avrebbe dovuto fornire ulteriori rincalzi ai reparti. Lo Stato Maggiore dell'Esercito, Ufficio Ordinamento e Mobilitazione, dopo aver ottenuto l'autorizzazione del Ministero delle Forze Armate, dispose infatti lo scioglimento del 1° Deposito Carristi, con decorrenza 31 agosto 1944, "*dato il minimo carico di mobilitazione*". In seguito a questo fatto fu costituita una Sezione Carristi in seno al 27° Deposito Misto Provinciale di Verona, con un organico previsto di 2 ufficiali (un capitano caposezione ed un subalterno), 3 sottufficiali e 4 militari di truppa, di cui 3 dattilografi. Secondo le disposizioni dello Stato Maggiore, il personale in esubero sarebbe stato reimpiegato in altre unità. Gli ufficiali avrebbero ricevuto una designazione nominativa per il loro nuovo impiego direttamente dal Sottosegretariato per l'Esercito, mentre i sottufficiali ed i militari di truppa sarebbero stati inviati o presso i reparti controguerriglia del Raggruppamento Anti Partigiani o avviati alla Flak, se ritenuti non perfettamente idonei. Il Gruppo Squadroni Corazzati "San Giusto", in conseguenza dello scioglimento del 1° Deposito Carristi, passò al carico di mobilitazione del 27° Deposito Misto Provinciale – Sezione Carristi, dal quale dipese anche il Gruppo Corazzato del "Leoncello", dopo la sua costituzione ufficiale. Il Deposito Carristi di Verona appare ancora in una relazione del 1° settembre 1944, dove ne viene fissato l'organico in 29 ufficiali, 26 sottufficiali ed 85 uomini di truppa, per non essere più citato in alcun documento da quella data[25].

Il 27° Deposito Misto Provinciale, comandato dal tenente colonnello Finamore, risultò così costituito su:

- Compagnia Deposito su:
    - Sezione Carristi
    - Sezione Chimici

L'Officina, che risultava particolarmente efficiente, fu però mantenuta integra ed operativa: è infatti probabile che la maggior parte del personale presente presso il 1° Deposito Carristi fosse costituito proprio da specialisti dell'Officina. Il 1° ottobre 1944 l'Officina ed il Deposito C andarono a costituire un ente autonomo, direttamente dipendente dal 27° Deposito Misto Provinciale, assumendo il nome di "Officina Autonoma Carristi", con un organico composto da un capitano comandante, 4 ufficiali, 17 sottufficiali e 34 uomini di truppa[26].

---

25 "Situazione Comandi, Enti, Reparti e Servizi nel territorio del 203° Comando Militare Regionale - 1° settembre 1944 - XXII", riportato in "La formazione delle forze armate di Salò attraverso i documenti dello Stato maggiore della RSI", di Adolfo Scalpelli, opera citata in bibliografia.

26 Informazioni desunte dai documenti del 4 dicembre 1944 "Nominativo, organici e dipendenza dal 27° Deposito misto provinciale dell'Officina autonoma Carristi: lettera circolare dell'Uff. ordinamento e mobilitazione dello SME" e "Organici e dipendenza dal 27° Deposito misto provinciale dell'Officina autonoma Carristi", entrambi conservati presso l'Archivio Storico dello Stato Maggiore dell'Esercito, citati in bibliografia.

In un promemoria per il Sottocapo di Stato Maggiore dell'Esercito del 20 settembre 1944 si proponeva di formare una "Compagnia Autonoma Carri", utilizzando mezzi in deposito proprio a Verona, evento che, come vedremo nel prossimo capitolo, darà l'avvio alla costituzione del Gruppo "Leoncello".

Nel gennaio 1945 risultavano in carico alla Sezione Carristi del 27° Deposito Misto ben 10 carri L3, 3 carri L6/40, 4 semoventi da 47/32 su scafo L40, 2 carri M13/40 e 4 autoblindo AB41. Durante l'insurrezione del 25 aprile alcuni di questi mezzi furono razziati ed impiegati dai partigiani: un ufficiale dell'Esercito Nazionale Repubblicano, in contatto con la Resistenza, prelevò con l'inganno 4 semoventi L40, che furono portati a Padova, dove, al comando di ufficiali della disciolta Divisione "Ariete II", furono impiegati contro reparti tedeschi in ritirata, per impedirne l'ingresso in città[27].

▲ Questa serie di fotografie è stata scattata l'11 novembre 1943, alcuni mesi dopo il tragico Armistizio dell'8 settembre, a Verona, presso le casermette di Montorio Veronese (l'attuale caserma "Duca"), dipendenti dal Deposito del 32° Reggimento Carristi: qui si trovano, in condizioni di efficienza molto diversa, alcuni mezzi corazzati, come questo semovente da 105/25 ed alcuni autoveicoli, come l'autocarro Lancia 3 RO sullo sfondo, piuttosto malridotto e privo delle ruote (Trovamala via Tallillo).

27 Cappellano Filippo, Pignato Nicola, "Gli autoveicoli da combattimento dell'Esercito Italiano", volume II, opera citata in bibliografia, pagina 226.

▲ Alle spalle del semovente da 105/25 si trova parcheggiato anche un carro armato M13/40 (Trovamala via Tallillo).

▼ Una fotografia ravvicinata del carro M13/40, interamente dipinto in giallo sabbia (Trovamala via Tallillo).

▲ Il sottotenente dei Carristi Trovamala, in servizio presso il Deposito Carristi di Verona. fotografato davanti al semovente da 105/25 M43. Da un'accurata analisi della mimetica di questo mezzo corazzato, è stato possibile identificarlo con quello che fu poi ceduto al Gruppo Corazzato del "Leoncello" nel febbraio del 1945, proprio dal Deposito di Verona (Trovamala via Tallillo).

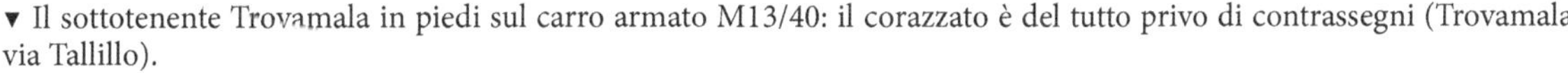

▼ Il sottotenente Trovamala in piedi sul carro armato M13/40: il corazzato è del tutto privo di contrassegni (Trovamala via Tallillo).

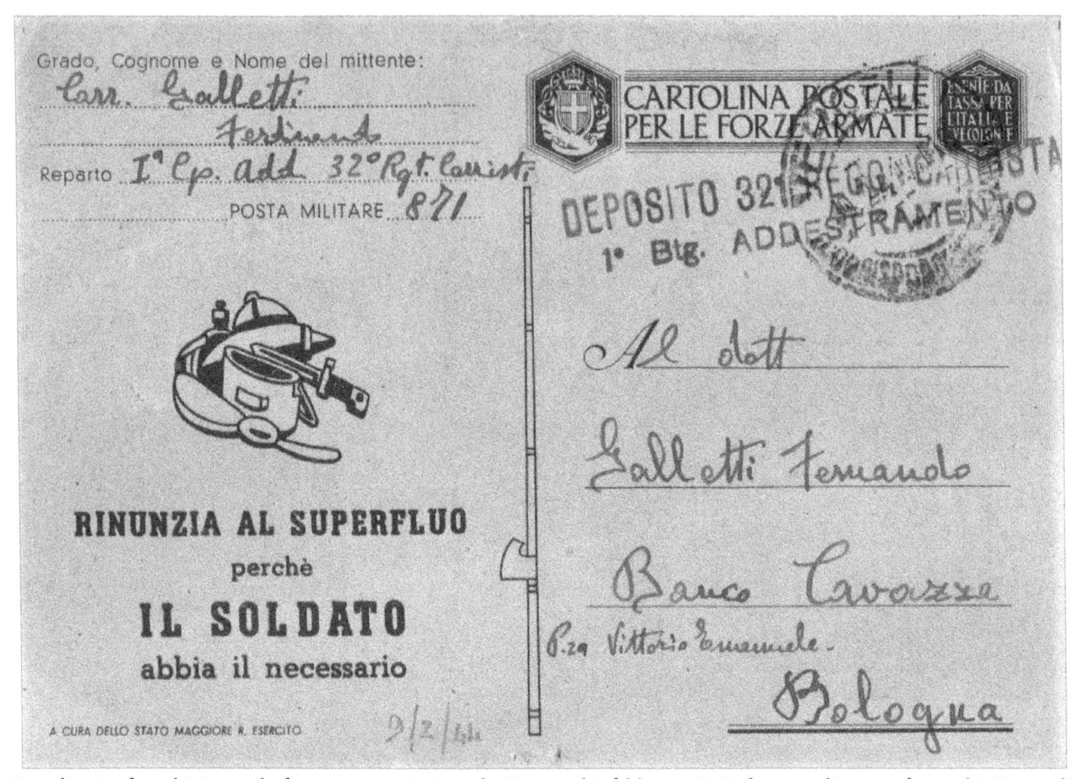
Grado, Cognome e Nome del mittente:
Carr. Galletti
Ferdinando
Reparto I^a Cp. add. 32° Rgt. Carristi
POSTA MILITARE 871

CARTOLINA POSTALE
PER LE FORZE ARMATE

DEPOSITO 32°
1° Btg. ADDESTRAMENTO

RINUNZIA AL SUPERFLUO
perchè
IL SOLDATO
abbia il necessario

A CURA DELLO STATO MAGGIORE R. ESERCITO

9/2/44

Al dott
Galletti Fernando
Banco Cavazza
P.za Vittorio Emanuele -
Bologna

▲ Cartolina in franchigia per le forze armate, inviata da Verona il 9 febbraio 1944 da un militare in forza al 1° Battaglione Addestramento del 32° Reggimento Carristi, antesignano del 1° Deposito Carristi della città scaligera (archivio dell'autore).

▼ Carrista ritratto con un aviere dell'Aeronautica Nazionale Repubblicana. Il carrista indossa un cappotto in panno grigioverde, con i gladi al bavero, del modello indicato dalla "Istruzione Provvisoria sull'uniforme dell'Esercito Nazionale Repubblicano" del 1° settembre 1944, il che fa presumere che l'immagine risalga all'inverno 1944 – 1945 (archivio dell'autore).

▲ Immagine del giuramento delle reclute del 1° Deposito Carristi di Verona, tenutosi il 21 aprile 1944 nel cortile della caserma (collezione privata Saronno).

▲ Il momento più toccante e più carico di significato del giuramento: il bacio della bandiera. Il sergente maggiore che sta compiendo il giuramento indossa (collezione privata Saronno).

▲ Primo piano di un ufficiale carrista dell'Esercito Nazionale Repubblicano: è interessante l'uso del vecchio fregio della specialità del Regio Esercito in canutiglia dorata, su una bustina con visiera di probabile fattura privata (archivio dell'autore).

▲ Mostrina destra da carrista del Regio Esercito, reimpiegata da un militare della Repubblica Sociale, sostituendo la stelletta con un gladio destinato ad un ufficiale, che conserva ancora parte della doratura originaria (archivio dell'autore).

▲ Il nuovo fregio dei carristi, come previsto dalla "Istruzione Provvisoria sull'uniforme dell'Esercito Nazionale Repubblicano", realizzato in filo di rayon giallo e quindi destinato, probabilmente, ad un ufficiale (collezione privata Pantanelli).

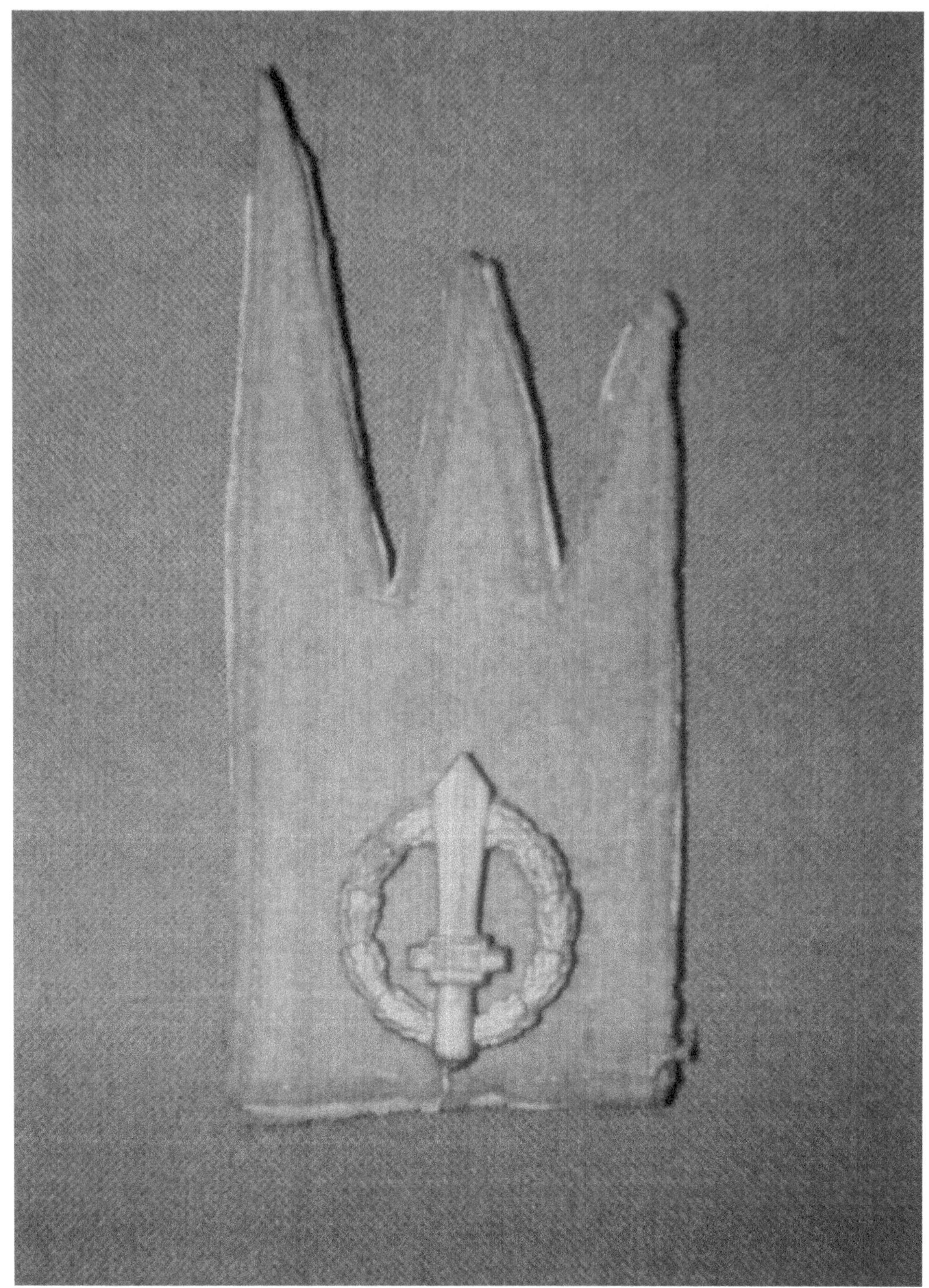

▲ Fiamma destra a tre punte azzurra dei Carristi della R.S.I., caricata dal gladio, conforme alla circolare n°216/CSM dello Stato Maggiore dell'Esercito del 14 febbraio 1944 (collezione privata Pantanelli).

IL GRUPPO CORAZZATO DEL "LEONCELLO (13)"

Le vicende del Gruppo Corazzato del "Leoncello" sono strettamente interconnesse a quelle del disciolto 1° Deposito Carristi di Verona. Infatti, il mantenimento dell'Officina a Verona e la programmata costituzione della "Compagnia Autonoma Carri", di cui se ne è parlato nel precedente capito, furono i passi propedeutici alla creazione di quello che poi fu il Gruppo Corazzato del "Leoncello".

La "Compagnia Autonoma Carri" doveva essere costituita utilizzando parte dei carri già presenti prezzo il disciolto 1° Deposito Carristi, cioè 1 semovente da 105/25, 5 carri M13/40, 1 carro L6/40 e 9 carri L3, oltre ai diversi mezzi corazzati disseminati tra numerosi reparti ed in diverse condizioni operative, e riunendo tutto il personale Carrista, che si trovava nella medesima condizione di dispersione.

La "Compagnia Autonoma Carri", talora indicata anche come "Reparto Corazzato Autonomo", sarebbe stata organizzata su:

- Plotone Comando (con 1 carro M13/40, 1 carro L3, 1 carro L6 ed 1 semovente a 105/25)
- 1° Plotone Carri (con 4 carri L3)
- 2° Plotone Carri (con 4 carri L3)
- 3° Plotone Carri (con 4 carri M13/40)

La dotazione di mezzi non teneva conto di 4 carri L3, perfettamente efficienti, "prestati" al Gruppo Corazzato "Leonessa", con i quali si sarebbe potuto costituire un altro Plotone Carri, e di un numero imprecisato di mezzi corazzati che il Deposito avrebbe potuto recuperare e riadattare.

È proprio alla fine dell'estate del 1944, in concomitanza con la prevista creazione della Compagnia Autonoma, che il capitano Gian Carlo Zuccaro, futuro comandante del Gruppo Corazzato del "Leoncello", apparve prepotentemente sulla scena. Facciamo un piccolo passo indietro. Tra il 17 ed il 28 giugno Zuccaro, spinto da un forte desiderio di poter tornare attivamente a combattere, inviò dieci copie della stessa lettera a Mussolini, nelle quali esprimeva, con un'accorata richiesta, la propria smania di riprendere le armi contro gli Alleati, possibilmente in un reparto corazzato. Il capitano Zuccaro, ufficiale in Servizio Permanente Effettivo, infatti proveniva dall'Arma di Cavalleria, aveva partecipato alla Campagna d'Etiopia ed alla Campagna di Russia, dove era rimasto ferito, e non sopportava di essere relegato a compiti sedentari. Il 4 agosto, finalmente, l'Ufficio personale dello Stato Maggiore dell'Esercito dispose il trasferimento del capitano Zuccaro dal Distretto Militare di Tortona al 1° Deposito Carristi di Verona, per essere impegnato nel gruppo corazzato italiano in formazione a Bergen in Germania. Dopo essere stato avvisato il 17 agosto, il capitano raggiunse Verona, da dove scrisse nuovamente a Mussolini, pregandolo di fare sì che il tempo di addestramento in Germania fosse il più breve possibile, dal momento che il suo unico desiderio era tornare al fronte. La preannunciata partenza per la Germania non si concretizzò e Zuccaro, passato alle dipendenze del Ministero Delle Forze Armate, si impegnò in un progetto di costituzione di un reparto corazzato. Nel settembre del 1944 fu incaricato di recarsi ad Alessandra per prelevare un carro M13, che era a disposizione del 210° Comando Militare Regionale, per utilizzarlo nel "Reparto Corazzato Autonomo" in costituzione. In un altro documento del 26 settembre Zuccaro figura anche come ufficiale incaricato per prendere accordi di dettaglio relativamente all'impiego del Magazzino del Gruppo C e della "Officina Autonoma Carristi" del 27° Deposito Misto Provinciale, per la costituzione del "Reparto Corazzato Autonomo" che doveva essere costituito proprio a Verona.

Da qui si innesta la storia della costituzione del "Leoncello", che, sebbene proseguì purtroppo a rilento per la penuria di mezzi corazzati, fu portata avanti soprattutto per merito della caparbietà del suo comandante e si dovette fermare solo a causa del precipitare degli eventi bellici. Il capitano Gian Carlo Zuccaro, per battezzare il reparto da lui comandato, si ispirò al nome del giornale trimestrale dei Combattenti di Tortona "Il Leoncello". La denominazione di Gruppo Corazzato del "Leoncello" fu assunta dal reparto intorno al mese di novembre, come testimoniato dai timbri utilizzati sulla corrispondenza dell'unità, e, in un momento successivo, il nome del reparto fu mutato in Gruppo Corazzato del "Leoncello (13)", dove il numero 13 potrebbe richiamare i 13 Carristi che, a detta di Zuccaro, diedero origine al reparto, firmando una sorta di dichiarazione d'intenti, il cui motto era "*...come il diamante!*". Una spiegazione di questa frase venne data nel numero 12 del 23 novembre 1944 de "Il Leoncello", in un trafiletto, probabilmente scritto da Zuccaro, in cui si sottolinea la caratteristica di puri e duri, che doveva caratterizzare gli uomini del Gruppo:

"*Come il diamante" è il motto del Gruppo Corazzato del Leoncello (13).*
E infatti come il diamante vogliamo essere puri, trasparenti!
Come il diamante vogliamo essere duri, tetragoni!
Come il diamante volgiamo essere angolosi, come il diamante infrangibili!
Come il diamante vogliamo essere taglienti!
Come il diamante vogliamo essere soppesati ed apprezzati!".

STRUTTURA ORGANIZZATIVA

Sin da subito fu chiaro che la difficoltà di recuperare mezzi e materiali utili all'unità avrebbe rappresentato un gravissimo problema, ma grazie all'entusiastica attività svolta dal capitano Zuccaro, il "Leoncello" riuscì a prendere forma, anche se le carenze ne limitarono le possibilità di impiego operativo. I comandi germanici, inoltre, pur riconoscendo la buona volontà che animava il reparto, non ritenne opportuno fornirlo di mezzi corazzati, e così si tentò di rimediare bypassando i tedeschi, cercando contatti diretti con le ditte produttrici italiane. Infatti, in mezzo a questa bufera, Zuccaro, coadiuvato dall'instancabile opera dei comandanti di Squadrone Cossu, Sessa e Orano, tentò in ogni modo di procurare carri armati per il reparto, prodigandosi nel ricercare e recuperare quanti più mezzi corazzati efficienti possibili, riuscendone a radunarne a Polpenazze, purtroppo, solo un limitato numero; il dottor Vittorio Magno Bocca, Capo di Gabinetto del maresciallo Graziani, provvide ad approvvigionare uniformi, indumenti protettivi, munizioni, armi e carburante, necessari alla costituzione dell'unità.

Il Gruppo fu dislocato a poca distanza dal Ministero delle Forze Armate[28], nella cittadina di Polpenazze (BS), che si trovava su un'altura da cui era possibile dominare le vie di comunicazione che conducevano alle diverse sedi ministeriali, che si erano dislocate sulla sponda sinistra del Lago di Garda[29]. Al "Leoncello" fu così affidato il compito di vigilare e difendere il dicastero guidato dal maresciallo Graziani. La cittadina non disponeva di alloggi militari e pertanto i carristi furono ospitati in abitazioni private, la fureria del reparto in una pensione, mentre gli ufficiali ed il Comando del Gruppo utilizzarono una villa in abbandono come propria sede. La mensa fu organizzata in un grosso capannone[30]: direttore della sala rancio fu nominato il sottotenente Quagliata e la sua gestione spicciola fu affidata al sergente maggiore Alfredo Vergani; i viveri venivano approvvigionati attraverso la Sezione Staccata Militare Alimentazione Militare di Desenzano del Garda (BS), come attestato da alcune ricevute[31]. Anche per i mezzi corazzati mancavano strutture di parcheggio e quindi i carri armati venivano in parte "parcheggiati" lungo le strade ed in parte ricoverati in cascinali e fienili.

Gli uomini necessari al reparto furono tratti in maggioranza da volontari provenienti dal Deposito di Verona. Zuccaro fu molto severo nella scelta del personale, effettuando egli stesso la selezione

28 Nuovo nome del Ministero della Difesa Nazionale, assunto il 6 gennaio 1944.

29 Polpenazze, inoltre, non distava molto da Lonigo (VI), dove si trovava un campo di addestramento tedesco per i carristi della Wehrmacht, che fu probabilmente utilizzato anche dai carristi di Zuccaro. A Lonigo vi era un gruppo della Compagnia d'allarme corazzata, che disponeva di mezzi di fabbricazione italiana: si trattava del Panzer Ausbildungs Abteilung Süd, un reparto corazzato di addestramento, che fungeva anche da unità di pronto intervento. Il reparto, nel giugno del 1944, poteva allineare un plotone di 80 uomini e due ufficiali con mezzi italiani: 4 carri P26/40, 4 semoventi DA 47/32 L40, 4 semoventi M42 e 2 autoblindo AB41.

30 Da una ricevuta del 24 aprile 1945, conservata presso il "Fondo Martinelli", si deduce che il locale per la mensa fosse di proprietà di tale Giovanni Bocchio, che, oltre ad affittare la "sala rancio", metteva a disposizione del Gruppo "N° 1 Cucina economica completa" e "N° 6 Sgabelli", oltre a svolgere non meglio specificati "lavori vari [...] per conto del gruppo Corazzato".

31 Conservate presso il Centro Studi RSI di Salò (BS) nel Fondo Archivistico "Vittorio Martinelli".

ed accettando solamente volontari[32], i quali dovevano dimostrare di avere non solo le doti fisiche adeguate, ma soprattutto di possedere valori morali solidi, in particolar modo di sostenere la causa del fascismo repubblicano in maniera assoluta. Per questo motivo alcuni militari furono rimandati al reparto di provenienza (in alcuni casi il giorno stesso dell'arruolamento) e per la stessa ragione nel "Leoncello" furono arruolati anche giovani provenienti da specialità diverse da quella Carrista; gli ufficiali furono scelti tra coloro che provenivano dal servizio attivo nei Carristi o nella Cavalleria, tutti con esperienza di guerra. Il Ministero delle Forze Armate disponeva, sempre a Polpenazze, di un proprio Autodrappello, comandato dal tenente colonnello Pesce - Spinelli e con ufficiale addetto il capitano Mari. Secondo Giorgio Pisanò questo Autodrappello aveva una propria Sezione Carri Armati, che sarebbe stata poi ceduta al Gruppo Corazzato "Leoncello": la presenza di questa Sezione non è confermata da nessun documento, ma è certo che parte del personale dell'Autodrappello passò al "Leoncello". Questo fatto è confermato, ad esempio, dalla testimonianza resa da un Carrista del Gruppo al momento del suo interrogatorio, tenutosi nell'immediato dopoguerra: "*In data 26 agosto stesso anno* (1944 N.d.A.) *fui rimpatriato e dopo pochi giorni trasferito all'autodrappello delle FF.AA. in Polpenazze (Brescia). In quest'ultima località fu costituito un gruppo corazzato a difesa del ministero stesso. Ivi sono rimasto fino al 23 aprile del 1945, giorno in cui ci è stato ordinato il trasferimento per Milano*"[33].

Zuccaro aprì un Centro di Reclutamento per il Gruppo Corazzato del "Leoncello" a Milano e sullo stesso periodico "Il Leoncello" apparvero, dopo la costituzione del reparto, dei veri e propri bandi, che pubblicizzavano e caldeggiavano l'arruolamento, come questo apparso sul numero 12 del 23 novembre 1944:

"*Carristi che avete nostalgia dei vostri mezzi corazzati*
ADUNATA!
C'è ancora da fare per voi, nel segno del Leoncello".

Il tono di questi richiami si fece via via sempre più caustico e retorico, nello stile proprio del comandante Zuccaro:

"*Giovani, che amate la Patria. Giovani che avete il sangue nelle vene. Arruolatevi nelle file corazzate del 13!*
I Leoncelli vi attendono"[34].

Nel numero successivo il richiamo a nuovi volontari assunse il tono formale di un bando di arruolamento:

"*BANDO DI ARRUOLAMENTO*
È indetto l'arruolamento, aperto a tutti i cittadini compresi tra il 30° ed il 17° anno di età, per l'ammissione alle varie specialità del Gruppo Corazzato del Leoncello (13), il Reparto della Rinascita Carrista Nazionale.

32 Non furono, di fatto, quindi arruolati nel Gruppo Corazzato del "Leoncello" militari che venivano obbligati o comandati, ma solamente uomini che per libera scelta chiedevano di entrare a farne parte.
33 Tratto dal "Verbale di interrogatorio di Bagnani Bajardo di Silvio e di Boccini Adele, nato a Roccastrada (Grosseto) il 18/9/1921, ivi domiciliato e residente a Montespertoli-frazione Martignana, studente", Legione Territoriale dei Carabinieri Reali di Firenze, Stazione di Montespertoli, copia in possesso dell'autore.
34 "Il Leoncello", numero 16 del 5 gennaio 1945.

Il Gruppo "Leoncello" sta accogliendo nelle sue file il fior fiore del volontarismo italiano, volontarismo costituito da vecchi carristi che ritornano ai loro mezzi e dai giovanissimi che al loro fianco intendono riprendere, superare le gloriose tradizioni dei Corazzati Tricolori!
Scrivere o presentarsi direttamente al Gruppo Corazzato del Leoncello (13) – Ministero FF.AA. P.d.C 867.
Le domande vanno accompagnate dai prescritti documenti personali e – se nel caso - militari"[35].
Ed ancora:
"*Sta risorgendo il primo Reggimento corazzato semovente. Il carrismo nazionale dirà ancora la sua parola, che sarà la decisiva.*
Ufficiali, Sottufficiali, carristi dell'"Ariete", della "Littorio", della "Centauro", dei gruppi corazzati di cavalleria, accorrete alle nuove file per la riscossa!
Presentarsi direttamente al Ministero FF.AA. Posta da C. 867 (Gruppo Corazzato del "Leoncello" – 13)"[36].
Non sono stati reperiti documenti che attestino la reale struttura organizzativa del Gruppo Corazzato del Leoncello", l'unico organigramma conosciuto è quello presentato da Giorgio Pisanò nella sua più famosa opera[37]:

- Squadrone Comando
- I Squadrone Carri M su:
  - 1° Plotone carri M15/42
  - 2° Plotone Carri M13/40
- II Squadrone Carri L su:
  - 1° Plotone Carri L
  - 2° Plotone Carri L
  - 3° Plotone Carri L
- Squadrone Deposito
- Officina

Pisanò fornisce anche i nominativi dell'ordine di battaglia del "Leoncello", che rispecchia questa struttura organizzativa:

- Comandante: capitano Gian Carlo Zuccaro
- Aiutante Maggiore: tenente Aldo Serra
- Ufficiale cappellano: tenente don Bottino
- Comandante S.A.F.: ausiliaria Nedda Tonegutti
- Squadrone Comando:
  - Comandante: tenente Giacomo Cossu
  - Sottufficiali: sergente maggiore Antonio Reali , sergente Lonati

35 "Il Leoncello", numero 17 del 15 gennaio 1945.
36 "Il Leoncello", numero 20 del 13 marzo 1945.
37 "Gli ultimi in Grigioverde", pagina 826, opera citata in bibliografia.

- I Squadrone Carri M:
  - Comandante: tenente Carlo Sessa (vice Comandante del Gruppo)
  - Ufficiali: sottotenente Amedeo Quagliata, sottotenente Massimo Ottaviani
  - Sottufficiali: sergente maggiore Vincenzo Speranza, sergente maggiore Antenore Stivali, sergente maggiore pilota Alfredo Vergani, sergente allievo ufficiale Spada, sergente Sergio Borgognoni
- II Squadrone Carri L:
  - Comandante: sottotenente Lucio Furio Orano
  - Ufficiali: sottotenente Valentino Nicoletti[38]
  - Sottufficiali: sergente maggiore Perotta, sergente maggiore Zucca, sergente Baiardo Bagnani
- Squadrone Deposito
  - Comandante: sottotenente Nello Govoni
  - Sottufficiali: maresciallo Pallavicini
- Officina
  - Comandante: tenente Milani[39].

Sempre secondo Pisanò il "Leoncello" avrebbe avuto un organico di 122 uomini, di cui 10 ufficiali, 20 sottufficiali e 92 uomini di truppa. Non è ben chiaro su quali fonti si sia basato il giornalista per la ricostruzione di questa struttura del reparto (così come alcuni nominativi di appartenenti al Gruppo non sono confermati in altri documenti), per cui viene qui presentata solo per completezza di informazione. Infatti, come abbiamo visto, non esiste un documento ufficiale riportante l'ordine di battaglia del Gruppo, che possa confermare o smentire quanto appena riportato, ma, sulla base delle testimonianze dei reduci e da alcune annotazioni rilevate in alcuni documenti, è verosimile che furono effettivamente costituiti:

- Squadrone Comando - comandante: tenente (in S.P.E.) Giacomo Cossu (fungeva anche da Ufficiale Addetto all'Ufficio Amministrazione e da Capo Ufficio Materiali)
- I Squadrone Carri M - comandante: tenente (in S.P.E.) Carlo Sessa (vice Comandante del Gruppo)
- II Squadrone Carri L - comandante: sottotenente Lucio Furio Orano
- Compagnia Officina - comandante: tenente Milani

Non è inoltre stato chiarito se i due Squadroni Carri M e Carri L fossero stati effettivamente suddivisi in Plotoni, così come riportato da Giorgio Pisanò, anche se, data la carenza di mezzi, pare difficile.

38 Il sottotenente Nicoletti Valentino raggiunse il Gruppo "Leoncello" solamente il 12 aprile 1945.

39 Zuccaro, in una lettera inviata a Pisanò, e pubblicata ne "Gli ultimi in Grigioverde" a pagina 2501, segnala altri nominativi di appartenenti al gruppo: l'ausiliaria Irene Bertolotti, il sergente maggiore Paolo Testa ed il sergente Mario Todeschini.

Dal punto di vista degli organici, sono noti tre documenti coevi al Reparto che attestano la presenza numerica di militari nel "Leoncello".
Il primo è un documento dell'8 febbraio 1945[40], che fissa l'organico del Gruppo al 31 gennaio precedente in 6 ufficiali, 9 sottufficiali e 38 uomini di truppa, indicandone tutti i nominativi.
La seconda testimonianza documentale della consistenza del reparto è una circolare del 18 marzo 1945, citata nel dettaglio più avanti, che riporta un organico di 7 ufficiali e 64 tra sottufficiali e uomini di truppa.
Infine, nel "Giornale di contabilità" del reparto, relativo al mese di marzo del 1945 e datato 31 marzo sono registrati 1 capitano, 2 tenenti, 5 sottotenenti, 1 maresciallo, 9 sergenti maggiori, 11 sergenti, 5 caporal maggiori, 5 caporali, 47 Carristi, 1 aiutante di Sanità ed 1 ausiliaria del S.A.F., per un totale di 98 militari.
Vi è poi un elenco[41], il cui autore non è noto, ma che quasi certamente è stato redatto nel dopoguerra, in cui sono registrati in ordine alfabetico i nominativi di 10 ufficiali, 31 sottufficiali, 42 uomini di truppa ed 1 ausiliaria, per un totale di 84 militari; nello specifico gli ufficiali ed i graduati riportati sono 2 capitani, 2 tenenti, 6 sottotenenti, 8 sergenti maggiori, 8 sergenti, 6 caporal maggiori e 9 caporali. Questi nominativi si trovano in una rubrica telefonica compilata a mano, con i nominativi dei militari del reparto, il grado e, per alcuni, altri dettagli come la specializzazione, la classe di appartenenza, il Distretto Militare di provenienza e la data di arrivo al reparto. L'elenco risulta però incompleto, in quanto mancano i nominativi di alcuni militari che certamente militarono nel Gruppo "Leoncello".

40 "Elenco del personale trasferito dall'autoreparto al Gruppo squadrone corazzato Leoncello: ordine permanente n. 4 del MFFAA - Comando Quartier Generale", 8 febbraio 1945", fascicolo 1107 – M/3, citato in bibliografia.
41 Documento conservato presso il Centro Studi RSI di Salò (BS).

ATTIVITA' DEL REPARTO

Il Gruppo "Leoncello" iniziò da subito a svolgere un'intensa attività addestrativa, compiendo esercitazioni al fuoco nelle campagne e sulle colline nei dintorni della sede del Ministero. Il personale fu addestrato all'uso dei mezzi corazzati e seguì le lezioni prescritte per il tiro da fermo ed in movimento, compiendo manovre a livello di Squadrone.

Dopo la costituzione del reparto, fu ventilata l'ipotesi di impiegare i mezzi corazzati del "Leoncello" in attività antipartigiane, ma Zuccaro, il cui desiderio era di andare al fronte per combattere gli Alleati, si oppose decisamente a questa ipotesi: "*Il reparto sta nascendo travagliatamente ed in condizioni assolutamente eccezionali. Le sue caratteristiche ne escludono l'impiego in zone montagnose*"[42].

A Bogliaco sul Garda (BS), una frazione di Gargnano, dove si trovava villa Feltrinelli residenza del Duce, il 28 ottobre, al termine di una sfilata in occasione dell'anniversario della Marcia su Roma, il capitano Zuccaro riuscì ad avvicinare Mussolini ed a chiedergli di essere ammesso ad un colloquio privato. Due settimane dopo, esattamente l'8 dicembre alle ore 11:00, Zuccaro fu ricevuto dal Duce e, sfruttando il breve tempo che gli era stato concordato, perorò la causa del Gruppo Corazzato "Leoncello". Il capitano espose a Mussolini le difficoltà in cui versava il reparto Carrista, scarso nelle dotazioni di mezzi, armi e munizionamento, e si lamentò per l'aperta opposizione dei tedeschi, che non vedevano di buon occhio la costituzione di questa unità. Zuccaro sottolineò inoltre che il "Leoncello" era nato per combattere contro gli Alleati e non per essere impegnato nella lotta contro i partigiani che, in fondo, erano anch'essi italiani. Il Duce si mostrò possibilista, polemizzando un poco nei confronti del comportamento degli alleati tedeschi: "*Io vi aiuterò al massimo. Loro sono alleati nostri ma dopo l'8 settembre non sono più amici! Proseguite, come mi avete spiegato, a prelevare armi e munizioni... rivoluzionariamente. E chissà che proprio sui carri del "Leoncello" rientreremo nelle città italiane occupate dal nemico!*"[43]. Complimentandosi per lo sforzo compiuto da Zuccaro per dare vita all'unico reparto corazzato dell'Esercito Nazionale Repubblicano, il Duce congedò il comandante Carrista, ma quest'ultimo, prima di lasciare lo studio, lo omaggiò del tesserino e della spilla del "Leoncello"[44].

L'arrivo del nuovo anno parve portare importanti novità per il Gruppo Corazzato del "Leoncello".

---

42 Pisanò Giorgio, "Gli ultimi in Grigioverde", opera citata in bibliografia, pagina 828. Secondo una testimonianza di Elvezio Borgatti, sottotenente del Gruppo Corazzato "Leonessa", resa all'autore l'11 ottobre 2005, nell'autunno del 1944 fu addirittura proposto a Zuccaro dal comando del "Leonessa" di incorporare il Gruppo Corazzato del "Leoncello" nella formazione corazzata della Guardia Nazionale Repubblicana, proposta rifiutata categoricamente dal capitano Zuccaro, che sostenne animatamente che lui ed i suoi Carristi erano soldati fedeli all'Esercito e che avrebbe fatto di tutto affinché i suoi uomini non indossassero la camicia nera, trasformandosi in uomini di partito.

43 Giancarlo Zuccaro, "L'ultimo abbraccio", opera citata in bibliografia, pagina 91.

44 Si tratta del tesserino e del distintivo dato ai sostenitori della rivista "Il Leoncello", come verrà spiegato più avanti. Stralci dello stesso colloquio sono citati da Pisanò ("Gli ultimi in Grigioverde", opera citata in bibliografia, pagina 828), con parole differenti, ma sostanzialmente con lo stesso contenuto: "Voi mettete insieme quello che potete, recuperando carri ed autoblindo dov'è possibile, anche a dispetto dei Tedeschi. Qualora non vi volessero aiutare farò quanto in mio potere per darvi una mano. La rinascita dei "corazzati" italiani è affidata a voi". E ancora: "Il "Leoncello" sarà il primo reggimento corazzato della nostra Italia. Sarà impegnato ai vostri ordini contro il nemico invasore. Nella prossima primavera forse assisteremo al miracolo dei vostri carri armati che entreranno liberatori nelle città italiane ora occupate dagli angloamericani".

Nel mese di gennaio, infatti, il maresciallo Rodolfo Graziani inviò il capitano Zuccaro all'Ansaldo di Genova, per incontrare il presidente ingegnere Cominetti e portare avanti con lui delle trattative per la fornitura diretta di materiali per carri armati. Il capitano era accompagnato dal tenente Cossu e dal sergente maggiore Stivali. Durante il viaggio d'andata accadde un curioso "incidente": l'automobile di Zuccaro fu bloccata, prima di attraversare un ponte sul fiume Ticino, da un sottufficiale tedesco, che regolava il traffico ad esclusivo vantaggio degli automezzi militari germanici. Il comandante del "Leoncello", con il suo caratteristico piglio caustico, reagì spiegando al tedesco che lui, in quanto capitano, era superiore in grado e non avrebbe quindi accettato ordini e che gli italiani non erano sottoposti ai tedeschi, bensì alleati. La spiegazione (e soprattutto i modi di fare di Zuccaro) convinsero a concedere il via libera per il passaggio.

Il 31 gennaio 1945 venne rilevato l'allontanamento arbitrario dal reparto dei carristi Carlo Laiolo e Giuseppe Montagnini, per motivi non noti: i due non si ripresentarono. Il Gruppo prese in carico un semovente da 105/25 M43 "Bassotto" nel febbraio 1945; questo semovente era, con ogni probabilità, quello citato più volte nei documenti dello Stato Maggiore dell'Esercito, dove si trovano riferimenti, appunto, ad un 105/25 con ottiche di puntamento danneggiate, presente nel parco mezzi di quello che fu il 1° Deposito Carristi di Verona, già nel febbraio 1944, ed utilizzato per l'addestramento dei Carristi. Il mezzo era di produzione antecedente all'Armistizio, perché non era dotato delle ruote motrici antiscingolamento, introdotte su richiesta dei Tedeschi, ed aveva tre insolite aperture nelle gonne laterali in corrispondenza dei rulli tendi cingolo, forse per agevolare la manutenzione[45].

Nonostante il Gruppo esistesse ormai da diversi mesi, un documento del Ministero delle Forze Armate dell'8 febbraio 1945, già citato in precedenza[46], fa risalire la costituzione formale dell'unità a pochi giorni prima, precisamente al 31 gennaio; vi si legge infatti: "*Sotto la data del 31/1/45 si è costituito il Gruppo Corazzato Leoncello. Il sottonotato personale passa dalla forza effettiva dell'Autoreparto*[47] *a quella del Gruppo Corazzato*".

Dal punto di vista amministrativo, il Gruppo "Leoncello" fu un virtuoso modello di correttezza, come dimostrato dai pochi documenti contabili sopravvissuti al conflitto. Per tutto il periodo di attività del reparto il sergente maggiore Vincenzo Speranza ricoprì il ruolo di Sottufficiale di contabilità, mentre il tenente Giacomo Cossu dello Squadrone Comando funse da Ufficiale Addetto all'Ufficio Amministrazione. Il riepilogo della gestione di ogni mese veniva contabilizzato nel cosiddetto "Giornale di Contabilità", che doveva attestare la scrupolosità delle operazioni effettuate. Questo registro, diverso da quello in uso prima dell'Armistizio, e con ruolini secondo il Grado, veniva impiantato il primo giorno di ogni mese sulla base di quello del mese scaduto e andava rimesso all'Ufficio Amministrazione entro i 5 giorni successivi alla scadenza del mese. Esclusi

45 Alcune fotografie dei mezzi corazzati in rimessa presso il Deposito di Verona, recentemente ritrovate, dimostrano che un semovente da 105/25 si trovava presso il Deposito di Verona già nel novembre del 1943 e, dall'analisi della mimetica del mezzo, confrontata con quella del semovente in carico al "Leoncello", è stato possibile confermare che si tratta dello stesso corazzato. Questo semovente, inoltre, almeno nell'autunno 1943, era privo delle aperture sulle protezioni laterali. Si può ipotizzare che siano state fatte in un secondo momento, per agevolarne la manutenzione oppure scopo addestrativo per il personale meccanico del Deposito.

46 "Elenco del personale trasferito dall'autoreparto al Gruppo squadrone corazzato Leoncello: ordine permanente n. 4 del MFFAA - Comando Quartier Generale", 8 febbraio 1945", fascicolo 1107 – M/3, citato in bibliografia.

47 Si tratta dell'Autodrappello Ministeriale.

ufficiali e marescialli, doveva contenere le firme di quietanza per le somme in denaro corrisposte agli effettivi nel mese ed a quanti in eventuale sussistenza. Inoltre, doveva essere completato in ogni pagina con le firme, in quanto responsabili in solido nei confronti dell'Amministrazione Militare, del Comandante del Gruppo e del Sottufficiale di contabilità.

La presenza di Ausiliarie del Servizio Ausiliario Femminile presso il "Leoncello" fu estremamente limitata: dai documenti reperiti[48] è confermata infatti la presenza di una sola volontaria, arrivata al Gruppo il 1° marzo 1945. Si tratta dell'Ausiliaria Nedda Tonegutti, che fu destinata al reparto corazzato direttamente dal Comando Generale del S.A.F., con mansioni di addetta alla mensa.

Come apprendiamo da un "Foglio di viaggio pei militari isolati"[49] l'8 marzo il sergente Piola, il caporale Colombo ed altri 4 carristi furono inviati a Bergamo per ritirare dei materiali di utilità per il reparto dal Deposito del 17° Comando Militare Provinciale, facendo ritorno a Polpenazze il giorno 11; purtroppo nulla si sa circa la natura di quanto prelevato a Bergamo. Pochi giorni dopo lo stesso servizio toccò al tenente Carlo Sessa, partito il 23 febbraio dal Comando con destinazione Milano, Como e Varese per il reparto, rientrato il 6 marzo a Polpenazze[50].

Per rispondere alle accuse rivolte da varie parti al "Leoncello", che veniva additato come un reparto di "imboscati" a causa del suo impiego statico, il 13 marzo Zuccaro partecipò, insieme ad altri ufficiali dell'unità, ad una trasmissione a Radio Fante, raccontando le vicende del Gruppo e prospettandone il suo impiego contro gli Alleati, non appena ricevuti mezzi corazzati in numero sufficiente. Il giorno scelto era estremamente simbolico, perché vi cadeva l'anniversario della costituzione del "Leoncello", secondo la data convenzionalmente assunta per la nascita del Gruppo.

Contemporaneamente apparve sul numero 20 de "Il Leoncello" un evocativo articolo intitolato "*Sei mesi: i primi di una lunga vita*", che ricordava questa importante ricorrenza:

"*Compiono oggi, 13 marzo, sei mesi da quando il Gruppo Corazzato del "Leoncello (13)" ha iniziato a vivere.*

Sei mesi: un'eternità!

Sei mesi: un attimo!

Sei mesi sono trascorsi da quando tredici uomini (1) si sono accinti per loro assoluta iniziativa e con tutta la forza della "Fede - Idea - Patria" a costruire dal nulla un reparto corazzato primo nella realtà dei valori oltreché nel tempo, "pioniere" - per definizione del Duce e del Maresciallo Graziani - della rinascita corazzata nazionale!

Lavoro immane? Fatica da Sisifo? A considerare le contingenze del momento: sì. A giudicare dalla serenità e dalla "scorrevolezza" con cui si cresce, si potenzia e si cementa il "Leoncello": no.

Qualcosa dunque di buono e di "nuovo" è nato sotto il solo, nel segno del vecchio, glorioso leone rapante derthonino!

---

48 Ordine di trasferimento del Comando Generale del Servizio Ausiliario Femminile al Gruppo Corazzato del "Leoncello" per l'Ausiliaria Nedda Tonegutti, 28 febbraio 1945, conservato presso il Centro Studi RSI di Salò (BS) – Fondo "Vittorio Martinelli" e "Gruppo Corazzato del Leoncello – Giornale di contabilità – Ruolino del personale", del 31 marzo 1945, conservato presso la Fondazione della R.S.I. – Istituto storico di Terranuova Bracciolini (AR).

49 Documento conservato presso il Centro Studi RSI di Salò (BS) – Fondo "Vittorio Martinelli".

50 "Certificato per viaggi e servizi isolati compiuti dagli ufficiali" del 12 marzo 1945, documento conservato presso il Centro Studi RSI di Salò (BS) – Fondo "Vittorio Martinelli".

(1) Per la cronaca: Capitano Zuccaro, S.Ten. Serra, Serg. Magg. Stivali, Serg. Magg. Speranza, Serg. Magg. Monfardini, Serg. Magg. Perotta, Serg. Reali, Serg. Bagnani, Serg. Pancrazi, Serg. Rossi, Serg. Borgognoni, Carrista Tibaldi, Carrista Gardenghi".

Il testo ha carattere chiaramente celebrativo e viene posto l'accento sull'attività dei 13 fondatori del reparto, che si sarebbero volontariamente e spontaneamente impegnati nella costituzione del reparto, apparentemente senza direttive esterne, anche se sappiamo che in realtà non fu così. Nel testo il numero 13 riveste un valore assolutamente simbolico, quasi catartico: 13 erano i "padri" del reparto, 13 il giorno in cui fu ufficialmente costituito (anche se, quasi certamente, si trattava di una data puramente convenzionale, scelta per fare il pari con il numero di militari che formarono il nucleo originario del "Leoncello"[51]) ed infine il 13 veniva richiamato anche nella denominazione dell'unità, "Gruppo Corazzato del Leoncello (13)".

Il 18 marzo una circolare del generale Besozzi di Carnisio dell'Ufficio Generale Ispettori del Ministero della Guerra formalizzò un protocollo di protezione degli obiettivi sensibili di Polpenazze, collegati alle sedi ministeriali, da adottare in caso di emergenza. Questo documento stabiliva che la difesa di Polpenazze era di competenza dell'Autodrappello, disponendo che venisse formato un "Nucleo Mobile di Manovra", da utilizzare quale unità celere d'intervento, costituito dal Gruppo Corazzato del "Leoncello" e da un Reparto Mobile, quest'ultimo organizzato a cura del Quartier Generale. In caso d'impiego del "Leoncello" era inoltre stabilito che sarebbero rimasti presso la sede del reparto 2 carri armati e 15 militari di truppa, al comando di un maresciallo o di un sergente maggiore anziano. È interessante rilevare che la circolare riportava l'organico e la disponibilità di automezzi e mezzi corazzati del "Leoncello" a quella data[52].

Sul numero 21 del 25 marzo 1945 del periodico "Il Leoncello" apparve un articolo che portava un violento attacco ad un automobilista che, alla guida di un'auto sportiva azzurra, girava ininterrottamente per Milano, in compagnia di una giovane accompagnatrice, in barba alla mancanza di carburante che metteva in sofferenza persino i Vigili del Fuoco e le ambulanze, nei loro compiti di soccorso. Riconosciutosi nel protagonista dell'articolo, un ufficiale della Gestapo si presentò all'ufficio milanese de "Il Leoncello", dove gli fu spiegato che Zuccaro, autore materiale dell'articolo da lui ritenuto denigratorio, si trovava sul lago di Garda a capo del suo reparto corazzato. A Polpenazze, dopo pochi giorni, proprio nel bel mezzo di un'esercitazione a fuoco del "Leoncello", mentre "*i carri leggeri L3, lanciafiamme e assaltatori in azione avanzata protetti dal tiro dei carri medi (M.13 e M.15) e un semovente Ansaldo* [...] *da 105-25*" stavano muovendo sotto la direzione del capitano Zuccaro, il maggiore della Gestapo si presentò a bordo di una camionetta, accompagnato da un soldato tedesco a cavallo. Quest'ultimo avvicinò Zuccaro, dicendo che l'ufficiale germanico gli intimava di sospendere l'esercitazione immediatamente e di andare a conferire con lui per chiarire l'accaduto. In tutta risposta Zuccaro ordinò di sgomberare entro 5 minuti. Passato questo lasso di tempo, visto che i tedeschi non si decidevano ad andarsene, ordinò al mitragliere di una Breda 20

51 Non è da escludere che il 13 settembre 1944 potesse essere la data in cui fu approvata in maniera ufficiale la proposta di costituire un reparto corazzato, in cui convogliare tutti i carristi dell'Esercito Nazionale Repubblicano, dispersi presso varie unità.

52 Documento proveniente dall'archivio del professor Nicola Pignato, gentilmente messo a disposizione dalla vedova Maria Nisi Pignato

di sparare una prima raffica ravvicinata agli "ospiti", per convincerli a liberare il campo, e poi una seconda, che, giunta... molto ravvicinata, convinse i tedeschi a sloggiare rapidamente. L'incidente non passò inosservato. Il giorno successivo il maresciallo Graziani, a cui probabilmente erano state fatte delle rimostranze per l'accaduto, con la scusa di fare visita al Gruppo, riprese bonariamente il capitano Zuccaro, invitandolo a non esagerare nelle sue manifestazioni anti teutoniche, sapendo quanta malcelata avversione per gli alleati tedeschi nutrisse l'ufficiale del "Leoncello". L'attività di recupero di materiali utili al Gruppo Corazzato del "Leoncello" e l'arrivo di personale per il reparto continuò ininterrottamente sino agli ultimi giorni di guerra. Il 30 marzo entrarono nei ranghi 6 operai specializzati tra motoristi, meccanici ed autisti, provenienti di 2 Ispettorati Interprovinciali del Lavoro e nei giorni precedenti erano giunti dei giovani arruolatisi volontari. Ancora il 3 aprile il sottotenente Amedeo si recò a Lumezzane (BS) per espletare questo tipo di servizio, facendo rientro al Comando il giorno successivo[53]. Sul retro del certificato di viaggio il sottotenente annotava a mano: "*Il sottoscritto non ha potuto far vistare il proprio foglio di viaggio perché l'ente presso cui si è recato era comandato da un sottufficiale*". Purtroppo, non vi è nessuna ulteriore indicazione utile ad identificare l'ente a cui fa riferimento Quagliata, né il tipo di materiale ritirato.
Anche con l'arrivo del mese di aprile l'attività del reparto proseguì alacremente. L'ultimo ufficiale a raggiungere il Gruppo il 12 aprile 1945 fu il sottotenente Valentino Nicoletti, trasferito dal 27° Deposito Misto Provinciale di Verona, in seguito ad ordine del Ministero delle Forze Armate del 9 aprile 1945. In quei giorni il Gruppo inviò al Ministero delle Forze Armate una richiesta per acquistare del carburante, da destinare a quantitativo di scorta, ed il 17 aprile il Gabinetto del Ministero autorizzò l'acquisto di 200 litri di benzina e 200 litri di gasolio. Per formalizzare l'acquisto il giorno successivo il Capitano Zuccaro riunì a Desenzano del Garda (BS) una Commissione composta da lui stesso, con funzioni di presidente, dal tenente Cossu e dal sottotenente Quagliata, la quale deliberò l'acquisto dei quantitativi dei carburanti, autorizzati dal ministero, per una spesa complessiva di 72.000£. Stando al verbale, redatto per attestare l'avvenuto acquisto ed il relativo pagamento effettuato in contanti, dato che il fornitore di carburante non voleva rilasciare una ricevuta al Gruppo, la benzina ed il gasolio erano stati reperiti per "*assicurare il servizio del Gruppo*". Se da un lato questo documento può essere sintomatico della situazione di difficoltà in cui si trovavano le Forze Armate repubblicane, costrette ad acquistare presso privati ciò di cui necessitavano, dall'altro l'acquisto può essere ricondotto alla circolare del 18 marzo, che sanciva la formazione di un "Nucleo Mobile di Manovra", che necessitava indubbiamente di una scorta di carburante, da utilizzare in caso in un intervento di emergenza. Nella seconda metà di aprile del '45 era ormai chiara la piega che stava assumendo il conflitto e, dunque, anche il Comando del Gruppo "Leoncello" si stava probabilmente preparando al peggio. Per il 21 aprile era stato programmato il giuramento dei militari del Gruppo e Zuccaro scrisse a Mussolini, chiedendogli di presenziare alla cerimonia, donando ai carristi i pugnali della Guardia, come aveva promesso durante il colloquio dell'8 dicembre dell'anno precedente. Il Duce però si spostò a Milano alcuni giorni prima di questa cerimonia, che, con ogni probabilità comunque non si tenne.

53 "Certificato per viaggi e servizi isolati compiuti dagli ufficiali" del 10 aprile 1945, documento conservato presso il Centro Studi RSI di Salò (BS) – Fondo "Vittorio Martinelli".

A MILANO

A partire dalla seconda metà del 1944 Mussolini iniziò a sentire sé stesso ed il governo della R.S.I. sempre più isolati, sia fisicamente che politicamente, e già il 9 dicembre manifestò l'intenzione di trasferire la sede politica a Milano, che era la vera capitale della Repubblica. Forte dell'entusiasmo suscitato dalla sua visita nel capoluogo lombardo una settimana dopo, il Duce si sentì incoraggiato a proseguire il progetto del trasferimento degli uffici governativi.

Nel marzo del 1945 cominciarono i primi spostamenti, quando ormai i tedeschi avevano di fatto privato Mussolini della possibilità di gestire il poco potere rimastogli, in seguito all'offensiva di primavera gli angloamericani, che avevano già sfondato la linea Gotica. Milano era però ancora gremita di militari e di politici ed il 16 aprile il Consiglio dei Ministri della R.S.I. comunicò ufficialmente lo spostamento del Governo. Le sorti della Repubblica sociale erano ormai definitivamente segnate, ma Mussolini, sperando ancora in un possibile colpo di coda dei suoi fedelissimi e nella conseguente possibilità di trattare un accordo di resa condizionato, abbandonò il 18 aprile l'isolata sede di Palazzo Feltrinelli a Gargnano per portare il suo Quartier Generale a Milano, dove arrivò in serata, prendendo alloggio presso i locali della Prefettura in corso Monforte, dopo avere rifiutato come sede la villa reale di Monza. I tedeschi osteggiarono apertamente questo spostamento, motivandolo con ragioni di sicurezza, ma, in realtà, in quel momento i negoziati segreti di resa con gli angloamericani erano in una fase molto delicata, e la presenza a Milano di Mussolini e dei vertici politici della Repubblica Sociale, completamente all'oscuro delle trattative, avrebbe potuto seriamente compromettere l'esito dell'operazione.

Come diretta conseguenza dell'insediamento di Mussolini e di alcuni organi ministeriali nella città, furono immediatamente adottati importanti misure di sicurezza, atte a presidiare gli edifici e le zone ritenute a rischio, con il dispiegamento di forze militari italiane e tedesche.

Secondo la testimonianza del comandante del "Leoncello", capitano Zuccaro, nella seconda metà del mese di aprile del 1945 alcuni uomini del Gruppo furono trasferiti a Milano con il compito di presidiare i Ministeri là trasferiti (in effetti, il compito principale del "Leoncello" era proprio il presidio delle sedi ministeriali). In particolare, la protezione del Comando delle Brigate Nere, sito in via Mozart, e la Prefettura, dove si era trasferito Mussolini, venivano presidiati da due carri P26/40, i cui equipaggi erano formati da uomini del "Leoncello", che avevano ricevuto un breve addestramento da istruttori tedeschi. I due carri erano stati probabilmente appena prodotti dalla ditta Vanzetti, che lavorava in Milano per conto della capocommessa Fossati e non è ben chiaro se furono assegnati al Gruppo o se siano stati prelevati in maniera coercitiva. In effetti, alcuni carri armati erano stati posti a difesa della Prefettura negli ultimi giorni di guerra: "*Il quadrato di vie che chiude la Prefettura (via Monforte, via Vivaio, via Mozart e via San Damiano) è vistosamente presidiato e ben difeso con molte armi automatiche e soprattutto anche mitragliatrici anche sui terrazzini del palazzo del governo, quattro carri armati e quattro riflettori ai lati [...]. Davanti all'ingresso principale, in via Monforte, sosta una camionetta dotata di due mitragliatrici*"[54].

54 Zanella Alessandro, "L'ora di Dongo", opera citata in bibliografia, pagine 128 e 129.

LA FINE DEL GRUPPO CORAZZATO DEL "LEONCELLO"

Il 23 aprile il maresciallo Graziani ordinò al capitano Zuccaro di portarsi, con la quota del Gruppo "Leoncello" che ancora si trovava a Brescia, verso Monza, dove si era installata una sede distaccata del Ministero della Guerra, e verso Milano. La mattina successiva il "Leoncello" iniziò a prepararsi al trasferimento ed ai militari fu somministrata la vaccinazione antitifica[55]. Nel corso della giornata furono liquidate le spettanze di alcuni creditori del reparto, somme dovute per attività lavorative svolte da privati per il "Leoncello", come riparazioni di mobili, o per affitti di locali. È probabile che, essendo ormai evidente come la situazione si stesse evolvendo in maniera negativa per la Repubblica Sociale, il comandante Zuccaro avesse disposto di regolare ogni pendenza che il Gruppo poteva ancora avere in quel momento, in modo da non lasciare né debiti né privare eventuali creditori di quanto dovuto[56].

Zuccaro nel frattempo partì a bordo della sua Bianchi S6, probabilmente alla volta di Milano, e non è chiaro se avesse con sé anche 2 carri armai leggeri. Infatti, stando alle sue memorie, la colonna comandata da Zuccaro ebbe un brevissimo scontro a fuoco a Sant'Eufemia della Fonte (BS) con un reparto motorizzato americano. Un'ora più tardi, a Rovato (BS), la colonna subì un attacco aereo, da un velivolo non precisato (Zuccaro infatti, nella sua autobiografia parla di un North American P-51 Mustang[57], che avrebbe anche colpito e messo fuori uso un carro L3, che chiudeva la colonna, mentre in una lettera inviata a Giorgio Pisanò descrive l'aereo come un Lockheed P-38 Lightning[58]). Il "Leoncello" tentò di reagire a questo attacco e, grazie al fuoco delle mitragliatrici dell'automobile di Zuccaro, l'aereo fu abbattuto. Ripresa la marcia, Zuccaro entrò in contatto con un'altra colonna americana vicino a Palazzolo sull'Oglio (BG), rendendosi protagonista dell'ennesimo colorito episodio. Infatti, mentre proseguiva verso Milano, probabilmente a piedi, fu fermato da un militare italoamericano, che era alla guida di una jeep del comandante della colonna, che gli chiese informazioni per raggiungere la cittadina. Zuccaro riuscì a farsi addirittura dare un passaggio dal

55 Da questo momento la ricostruzione dei fatti è alquanto confusa, le testimonianze presentano molte discrepanze; la versione presentata nel testo è quella più plausibile e coerente, sebbene alcuni aspetti, soprattutto narrati da Zuccaro nella sua autobiografia "L'ultimo abbraccio" e raccontati a Giorgio Pisanò dallo stesso comandante del Gruppo, abbiano parecchi punti oscuri ed a tratti contraddittori.

56 Alcuni movimenti di cassa svolti in quei frangenti contribuisco però ad aumentare la confusione degli avvenimenti di quei difficili giorni. Si tratta di movimenti di cassa, che potremmo definire quantomeno curiosi e che sono documentati da alcune ricevute conservate nel "Fondo Martinelli". La prima ricevuta è del 22 aprile, quando al sergente maggiore Mario Monfardini furono affidate 50.000 £: purtroppo il documento non riporta alcuna causale che possa spiegare il perché di questo prelevamento dalla cassa del reparto. Due giorni dopo, il 24 aprile un certo capitano Lamberto Mari, di cui non è stata possibile ricostruire né la figura né la posizione militare, avrebbe ritirato la stratosferica somma all'epoca di 130.000 £, a titolo di prestito, direttamente dal Comando del Gruppo Corazzato del "Leoncello", come attestato da una ricevuta che sembrerebbe firmata dal tenente Sessa, in vece del comandate Zuccaro (poiché, come vedremo tra poco, probabilmente il capitano si era allontanato da Polpenazze già nelle prime ore della giornata). Lo stesso giorno il caporale Arrigo Orsi firmava una dichiarazione con la quale certificava di avere ricevuto un anticipo di pagamento per una fattura (non è ben specificato per quale attività od opera realizzata) pari a 120.000 £. Questi movimenti di ingenti somme di denaro, proprio nel momento in cui gli eventi stavano precipitando, appaiono veramente strani, potrebbero essere stato semplicemente un modo per mettere in salvo la cassa del Gruppo, giustificando con delle uscite fittizie questa manovra.

57 Giancarlo Zuccaro, "L'ultimo abbraccio", pagina 100, opera citata in bibliografia.

58 "Gli ultimi in Grigioverde", pagina 828, opera citata in bibliografia.

militare e, entrato in città a bordo del veicolo statunitense alla testa della colonna, fu scambiato dalla folla esultante per l'arrivo dei "liberatori" per il... comandante degli Alleati[59]. Il capitano Gian Carlo Zuccaro, lasciata la colonna alleata fuori Palazzolo, raggiunse il capoluogo lombardo, dove si rifugiò da amici, ma fu tratto in arresto il 26 giugno 1945 ed imprigionato per alcuni mesi nel carcere cittadino di San Vittore. Alla sera dello stesso 24 aprile il Gruppo "Leoncello", al comando del tenente Sessa, lasciò Polpenazze, sfruttando il favore delle tenebre, per non incorrere in attacchi aerei nemici. La colonna era costituita dal semovente da 105/25, dai 5 carri medi, che trainavano un numero non precisato di carri leggeri L3[60]. In ottemperanza alla circolare del 18 marzo, l'Officina, un numero non precisato di militari ed alcuni mezzi corazzati[61] rimasero a Polpenazze, a presidio della sede del reparto, al comando probabilmente di un sottufficiale.

Lungo il percorso, uno dei carri M13 della colonna del Gruppo finì in un canale, poiché il pilota, febbricitante per la vaccinazione ricevuta la mattina, aveva perso il controllo del mezzo, che fu recuperato a fatica grazie all'ausilio di altri carri medi. Il sottotenente Ottaviani, nel frattempo, approfittò della situazione per fuggire e raggiungere la sua famiglia[62]. Poco dopo, in seguito ad una manovra sbagliata, l'L3 del carrista Bertolotti spezzò il cavo di traino ed andò perduto in un canale, mentre il pilota si salvò fortunosamente saltando fuori dal mezzo. Presso la stazione di Chiari (BS) Sessa ordinò ai suoi uomini di disporre i carri armati contro un reparto tedesco che stava caricando materiale razziato su un treno, intimando di distribuire il carico alla cittadinanza. Dopo aver preso a bordo dei mezzi parte del materiale, la colonna si rimise in moto, ma dopo Rovato (BS) un M13/40 dovette arrestarsi per un guasto[63] e, mentre l'equipaggio tentava di rimediare il danno, il resto della colonna proseguì verso Milano, raggiungendo Cernusco sul Naviglio (MI), alle prime ore del 25 aprile. Qui il tenente Sessa si mise in comunicazione telefonicamente con il Comando Piazza di Milano, venendo informato che in città vi erano i primi disordini e di non cercare di raggiungere il capoluogo. Sessa prese quindi contatto con il maggiore degli Alpini Lucioni, comandante del Comitato di Liberazione Nazionale di Cernusco, che gli confermò la situazione di Milano.

I Carristi quindi consegnarono le armi ed i carri armati superstiti , dopo averli sabotati, al locale C.L.N., dal quale ricevettero abiti civili e lasciapassare per fare ritorno alle proprie dimore senza incorrere in rischi, decretando, di fatto, lo scioglimento del Gruppo.

59 L'episodio è raccontato da Giancarlo Zuccaro, nel suo "L'ultimo abbraccio", opera citata in bibliografia a pagina 99 e seguenti.

60 I carri leggeri erano almeno 3 e la manovra di traino fu effettuata per risparmiare il poco carburante disponibile.

61 La circolare stabiliva che sarebbero dovuti rimanere in loco 2 soli carri armati, ma, considerando che il "Leoncello" disponeva di 14 mezzi corazzati e che la colonna diretta a Milano era composta da 9 carri armati, a Polpenazze dovrebbero essere rimasti a presidio 5 corazzati, cioè 4 carri L3 e l'unico L6/40. Se inoltre dovessimo dare credito alla lettera di Zuccaro, inviata negli anni '60 a Giorgio Pisanò, in cui sosteneva che la mattina del 24 aprile partirono con lui alla volta di Milano anche 2 carri L3, il numero di carri armati rimasti a Polpenazze si ridurrebbe a 3, 2 carri L3 ed 1 L6/40.

62 Il sottotenente Massimo Ottaviani, stando alla documentazione contabile del reparto, si sarebbe dovuto in realtà recare in convalescenza. Infatti, lo stesso 24 aprile ricevette 15.000 £, come "anticipazione assegni per mesi tre di licenza di convalescenza", come attestato da una ricevuta, firmata dal tenente Cossu, responsabile amministrativo del reparto, e controfirmata dallo stesso sottotenente Ottaviani, conservata presso il Centro Studi RSI di Salò (BS) nel Fondo Archivistico "Vittorio Martinelli".

63 Resta irrisolto un dubbio: Zuccaro, infatti, non chiarisce se l'L3 che sarebbe stato distrutto dal mitragliamento aereo a Rovato accompagnasse la Bianchi S26 del capitano, diretta a Milano la mattina del 24 aprile come abbiamo visto poc'anzi, o se fosse uno dei carri leggeri, condotti al traino dalla colonna del "Leoncello", partita da Polpenazze nel pomeriggio. In questo caso i carri armati del Gruppo Corazzato sarebbero stati attaccati dagli aerei alleati in concomitanza con il guasto che obbligò a fermarsi uno dei carri M13.

Il tenente Sessa fu l'unico ad essere arrestato dai partigiani, rischiando anche di essere fucilato, salvandosi però grazia all'intervento di un professore, che perorò la sua salvezza. Due carri M13/40 del "Leoncello" furono impiegati da partigiani comunisti dell'11ª Brigata "Matteotti", che converse su Milano a bordo di due autocarri. Nel capoluogo i corazzati parteciparono a scontri a fuoco contro le forze repubblicane e tedesche; uno dei due carri fu abbandonato per la rottura di un cingolo contro un marciapiede. Il carro sopravvissuto, "TEMPESTA", pattugliò le strade della città ininterrottamente e partecipò ad una sfilata celebrativa della Liberazione a Pioltello il 1° maggio 1945.
Anche la testimonianza del Carrista Bajardo Bagnani, resa ai Carabinieri di Montespertoli (FI), conferma sostanzialmente gli avvenimenti che portarono allo scioglimento del "Leoncello": "[...] *23 aprile del 1945, giorno in cui ci è stato ordinato il Trasferimento per Milano. Il giorno 25 aprile detto, verso le ore 10 circa ci siamo fermati a Cernusco sul Naviglio (Milano) per informarci della situazione. Infatti dal maggiore degli alpini Lucioni, comandante del Comitato di Liberazione nazionale del paese stesso, abbiamo appreso che Milano era in mano ai partigiani; notizia questa che ci è stata confermata da Milano a mezzo telefono. In conseguenza di ciò abbiamo consegnato al suddetto Comitato le armi ed i sei carri in nostro possesso. Lo stesso Comitato dopo la consegna del materiale bellico ci ha munito dei documenti per raggiungere Milano*"[64]. La deposizione fu fatta dal Bagnani il 23 maggio 1945, a meno di un mese dalla fine della guerra, e quindi è una delle testimonianze più attendibili, poiché non affetta dal passare del tempo, che potrebbe avere oscurato i ricordi. Il Carrista dichiarò inoltre "[...] *di non aver preso parte* [ad] *azione contro i partigiani o ad operazioni belliche in genere*".
L'equipaggio dell'M13/40 bloccato a Rovato, al quale si era aggiunto anche Bertolotti, il pilota dell'L3 finito in un fossato, dopo essere riuscito a riparare il guasto, si rimise in marcia, ma a Chiari fu fatto segno di un mitragliamento aereo, fermandosi nuovamente poco dopo per altre noie meccaniche. I Carristi passarono quindi la notte in attesa, montando la guardia a turno, ma, giunta l'alba, vennero informati dell'insurrezione partigiana da gruppi di contadini festanti. Dopo aver discusso sul da farsi, i militari del "Leoncello", sabotato il carro armato e le armi, si avviarono a piedi verso Polpenazze, ad eccezione di uno di loro, che prese la direzione di Bergamo, e del Carrista Bertolotti, che si incamminò verso Milano, per tentare di ricongiungersi con il resto del Gruppo.
L'aliquota del Gruppo rimasta a Polpenazze, raggiunta dai carristi dell'M13/40 bloccato a Chiari, venuta a conoscenza dell'insurrezione partigiana, si presentò al locale Comitato di Liberazione Nazionale per consegnare pacificamente le armi, tra il 25 ed il 26 aprile. Tutti i carristi ricevettero un lasciapassare scritto per poter fare ritorno alle proprie abitazioni, senza dover temere alcun tipo di ritorsione. Per motivi ignoti, due uomini del reparto furono passati per le armi il giorno 29, proprio a Polpenazze. Durante l'insurrezione del 25 aprile i Carristi del Gruppo "Leoncello" a Milano probabilmente si dispersero. Uno dei due carri armati P26/40 utilizzati dal reparto fu catturato intatto dai partigiani e fu così utilizzato per pattugliare la città lombarda, dopo aver verniciato sulla piastra frontale, accanto allo sportello del pilota, una falce e martello probabilmente di colore rosso, mentre il secondo fu abbandonato dall'equipaggio nei pressi della Prefettura, in via Marina.

64 Tratto dal "Verbale di interrogatorio di Bagnani Bajardo di Silvio e di Boccini Adele, nato a Roccastrada (Grosseto) il 18/9/1921, ivi domiciliato e residente a Montespertoli-frazione Martignana, studente", Legione Territoriale dei Carabinieri Reali di Firenze, Stazione di Montespertoli, copia in possesso dell'autore.

ALTRE VERSIONI DELLA FINE DEL REPARTO

Esistono altre versioni della fine del Gruppo "Leoncello", in particolare della colonna fermata alle porte di Milano, versioni raccontate nel corso degli anni e spesso arricchite di particolari diversi e, con ogni probabilità, fantasiosi. Le riportiamo comunque per completezza di analisi.

La versione de "Gli ultimi in Grigioverde"

Nel libro "Gli ultimi in Grigioverde" di Giorgio Pisanò fu presentata una versione molto differente della fine del Gruppo. Questa narrazione non è attribuibile in realtà integralmente all'autore dell'opera, ma scaturisce da uno scambio epistolare che ci fu all'epoca tra Giorgio Pisanò, Pieramedeo Baldrati (che curò la raccolta della documentazione con cui fu compilata la monumentale opera) e lo stesso Gian Carlo Zuccaro. Si tratta di una versione colorita, che tendeva ad accentuare il valore di un nucleo di uomini del "Leoncello", stretti intorno al proprio comandante, arresi solo dopo uno strenuo combattimento.

Infatti, il 25 aprile (probabilmente in tarda serata) Zuccaro si sarebbe mosso da Milano con due autovetture ed un autocarro, accompagnato dal sottotenente Pizzi della X MAS alla volta di Brescia, per prelevare del carburante dal Deposito delle Decima di Desenzano (BS). Alle porte di Brescia la colonna sarebbe stata circondata da partigiani delle Fiamme Verdi, che avrebbero attaccato gli uomini del "Leoncello". Il combattimento si sarebbe protratto per ore, durante il quale sarebbero morti 3 marò della X MAS e sarebbero stati feriti il sottotenente Nicoletti ed il sergente Spada del "Leoncello", ed i Carristi, circondati da qualche migliaio di partigiani, si sarebbero arresi solo dopo che i loro automezzi erano stati centrati da colpi di panzerfaust[65]. Sempre secondo questa ricostruzione, tra il 28 ed il 29 aprile lo Squadrone Carri M si sarebbe arreso mentre era in movimento verso Milano, poiché rimasto privo di carburante, lo Squadrone Carri L, inspiegabilmente, nei pressi di Lonigo (VI), il Deposito e l'Officina a Polpenazze[66].

La testimonianza del partigiano Giacomo Cibra

Ancora diverso il resoconto dato da Giacomo Cibra, partigiano comandante della Squadra Volante dell'11ª Brigata "Matteotti", che riportiamo qui di seguito[67]. La notte del 24 aprile, mentre il grosso

65 Zuccaro, in una lettera pubblicata sull'edizione del 1994 del libro di Pisanò a pagina 2501, collocherebbe lo scontro nella notte tra il 27 ed il 28 aprile: vi sarebbe dunque un gap temporale non spiegato tra la partenza di Zuccaro da Milano e questo combattimento. Sempre in questa lettera, il combattimento con i partigiani si sarebbe consumato sulla via del rientro per Milano, in quanto Zuccaro afferma che l'autocarro era "carico di benzina"; nella colonna inoltre si sarebbe trovata anche una non meglio specificata camionetta. L'ex comandante del "Leoncello" pone poi, in questa missiva, un particolare accento sulla difficoltà in cui si sarebbero trovati lui ed i suoi uomini, forse per colorire ulteriormente il momento della fine del Gruppo Corazzato, che sentiva come una propria creatura, rendendolo i contorni quasi di un atto eroico, evento che invece, come abbiamo visto, si risolse sostanzialmente in maniera assolutamente pacifica. Zuccaro infatti dice che "attaccati da diverse centinaia di "fiamme verdi" ed "elmetti rossi", accettammo battaglia nonostante la disparità di forze e soltanto dopo alcune ore di combattimento fummo stroncati".

66 "Gli ultimi in Grigioverde", pagina 828, opera citata in bibliografia.

67 Il racconto di Giacomo Cibra si trova nel libro "I sbarbàa e i tosànn che fecero la Repubblica", opera citata in bibliografia (pagina 152 e seguenti). La stessa versione è stata sostanzialmente poi confermata all'autore dallo stesso Cibra nel corso di una intervista tenutasi il 23 maggio 2007.

della Brigata tentava un attacco a Carugate (MI), il distaccamento rimasto a Pioltello (MI), dove era situato il Comando partigiano, avrebbe fermato una colonna composta da italiani e tedeschi nei dintorni della stazione dei tram di Cernusco sul Naviglio (MI). Nella colonna si trovavano anche due carri armati ed un'autoblinda[68], ma i militari, probabilmente consapevoli dell'imminente fine del conflitto, non opposero grande resistenza partigiani e si arresero rapidamente. Consegnati i prigionieri tedeschi al cosiddetto Distaccamento "Lorenzini", i partigiani della "Matteotti" si diressero verso Milano, formando una colonna composta dai due carri armati, dall'autoblinda, da un'automobile, dove aveva preso posto il comandante Cibra, e da due autocarri carichi di insorti; dopo avere sostenuto alcuni combattimenti lungo la strada per il capoluogo lombardo, l'autocolonna raggiunse corso Buenos Aires. Nei dintorni di Porta Venezia i partigiani furono fatti segno di un attacco condotto da un'automobile carica di fascisti ed uno dei due carri armati, manovrando rapidamente per rispondere al fuoco, colpì un marciapiede, rompendo uno dei cingoli. Al termine dello scontro, i partigiani abbandonarono il carro armato incidentato ed inservibile e l'autoblinda, mentre il carro ancora operativo fu impegnato ininterrottamente in azione di pattugliamento per le strade della città nelle ore successive. Sempre secondo la ricostruzione di Cibra, il 26 aprile il carro superstite sarebbe stato usato per un attacco contro la sede milanese della X MAS in piazza 4 Novembre. Dopo il 27 aprile il carro del "Leoncello" fu riportato a Pioltello ed il 1° maggio prese parte in paese alla sfilata delle forze partigiane, organizzata per celebrare la Liberazione. In questa occasione, sul corazzato erano ancora presenti le insegne del "Leoncello", solo la scritta "BRIGATA MATTEOTTI", tracciata a mano con vernice probabilmente bianca sulla prua dello scafo, testimoniava il passaggio di proprietà.

Si fa ancora più confusa la sorte dell'altro carro armato, quello danneggiato a Milano. Le memorie del partigiano Cibra lasciano intendere che il carro armato fu riportato a Cernusco, non si capisce in che modo, dato che non poteva marciare (probabilmente a bordo di un autocarro), per essere riparato presso una locale officina e che lo stesso Cibra aveva trovato a Milano un cingolo sostitutivo per effettuare la riparazione.

68 Dalle fotografie e dai filmati rinvenuti, si ha la certezza che uno dei due carri fosse del Gruppo Corazzato "Leoncello". In particolare, si trattava di un M13/40, il secondo carro del primo Squadrone del Gruppo. È probabile che anche l'altro carro armato fosse del "Leoncello", mentre l'autoblinda probabilmente germanica.

I MEZZI DEL REPARTO

Per oltre quarant'anni l'unico elenco disponibile dei mezzi del Gruppo "Leoncello" è stato quello riportato da Pisanò ne "Gli Ultimi in Grigioverde", opera monumentale per l'epoca in cui fu pubblicata (gli anni '60 del secolo scorso), ma che presentava errori evidenziati da studi successivi. Secondo il giornalista il reparto aveva in carico:

- 4 autoblindo AB40 o AB41
- 4 carri medi M13/40
- 3 carri medi M15/42
- 12 carri L3 di differenti versioni
- 4 autovetture
- 8 autocarri
- 1 autocarro radio
- 4 mitragliere contraeree da 20 mm.

Complessivamente dunque il reparto avrebbe avuto in carico 23 mezzi corazzati, un dato che non è però corretto. Infatti, più recenti testimonianze e documenti, pubblicati volume di Nava e Corbatti[69], hanno fornito indicazioni più corrette. In primo luogo, nella già citata circolare, che formalizzava la costituzione del Nucleo Mobile di manovra, veniva riportata questa consistenza del parco mezzi del "Leoncello" alla data del 18 marzo 1945:

- 14 mezzi corazzati
- 3 autocarri
- 2 autovetture
- 3 motocicli.

Questo è l'unico documento conosciuto che riporti questa informazione e, trattandosi appunto di una scrittura ufficiale, il dato indicato è il più attendibile. Il numero di 14 corazzati è anche confermato dalla testimonianza del tenente Carlo Sessa, vicecomandante del Gruppo, basata su appunti da lui presi all'epoca e datati 16 aprile 1945, che specificano la tipologia dei mezzi:

- 1 semovente da 105/25 M43
- 1 carro medio M15/42
- 4 carri medi M13/40
- 1 carro leggero L6/40
- 7 carri leggeri L3/35[70].

Come abbiamo visto, inoltre, durante gli ultimi giorni di guerra l'aliquota del Gruppo distaccata a Milano poté utilizzare due carri pesanti P26/40. Il "Leoncello", dunque, sarebbe stato l'unico reparto della Repubblica Sociale a poter utilizzare dei carri P40.

69 "Come il diamante!", opera citata in bibliografia.
70 Anche questa testimonianza è riportata nel libro di Nava e Corbatti "Come il diamante!", opera citata in bibliografia

Non è noto come i mezzi fossero distribuiti tra gli Squadroni; si può ipotizzare che gli L3 fossero in carico al II Squadrone, la logica fa inoltre supporre che anche il carro L6 potesse essere assegnato allo stesso Squadrone. I carri M13, invece, avrebbero costituito il I Squadrone, mentre l'M15 ed il semovente erano probabilmente in carico allo Squadrone Comando. Allo stesso Squadrone Comando dovevano risultare assegnati le motociclette, le automobili e gli autocarri, così come le mitragliere da 20 mm, la cui presenza presso il Gruppo è confermata nel libro autobiografico del comandante Zuccaro. Una delle autovetture citate nell'elenco del 18 marzo 1945 dovrebbe essere una Bianchi S6. Infatti, nelle proprie memorie, il capitano Zuccaro scrisse di utilizzare per i propri spostamenti una vettura Bianchi S6 armata di mitragliatrice quadrinata (che, vista la mole e le dimensioni dell'auto, risulterebbe un armamento addirittura eccessivo), quasi fosse una sorta di camionetta armata[71]: "[...] *corazzata, mimetica e ben armata*" con "[...] *un trespolo minaccioso per via di quattro mitragliatrici da 12,7 mm, sincronizzate in funzione antiaerea*"[72].

Colorazione ed araldica

I mezzi del Gruppo non adottarono una colorazione uniforme, ma mantennero, in linea di massima, la livrea con cui raggiunsero il reparto, tanto che, nelle poche foto disponibili, i carri medi appaiono verdi, giallo sabbia e mimetizzati a chiazze, coprendo, di fatto tutte le combinazioni mimetiche usate all'epoca. La disposizione delle insegne era invece più standardizzata, quantomeno per mezzi della stessa tipologia. I simboli riportati sui mezzi corazzati erano lo stemma del reparto, ispirato allo stemma della rivista "Il Leoncello": un leone rampante nero con fascio littorio in campo rettangolare bianco con il lato lungo in verticale, rivolto verso il senso di marcia del mezzo[73]. Sui carri M era dipinto sulla parte anteriore dei lati della torretta, mentre sul semovente da 105/25 si trovava sulla parte anteriore dei lati della casamatta. Accanto ad esso si trovava un tricolore, con in bianco un numero romano nella parte superiore, che indicava probabilmente lo Squadrone di appartenenza, ed un numero arabo, indicante il numero di posizione del carro all'interno dello Squadrone, nella parte inferiore, in corrispondenza del terzo bianco del tricolore. Lo stesso tricolore con la corrispondente numerazione era presente anche sul retro della torretta, mentre sulla parte anteriore della casamatta si trovava il solo tricolore, in dimensioni leggermente maggiori, tra la feritoia del pilota e le mitragliatrici. Sotto il visore del pilota, sulla piastra inclinata anteriore, comparivano i nomi "di battaglia", dati ai carri, dipinti in lettere in stampatello maiuscolo bianche (o marrone chiaro, secondo le fonti). Analizziamo ora i singoli corazzati, per i quali è stato possibile ricostruire la colorazione in base alla documentazione iconografica conosciuta. Dalle scarse fotografie reperite è stato possibile ricostruire la livrea completa ed i relativi contrassegni di tre carri medi del Gruppo. I carri medi M13 ed M15, provenienti con ogni probabilità dai mezzi che erano in rimessa presso il Deposito di Verona, recavano lo stemma del reparto, sulla torretta ed accanto ad esso il numero romano del I Squadrone nella parte superiore.

71 In una lettera inviata a Giorgio Pisanò e pubblicata ne "Gli ultimi in grigioverde", a pagina 2501, (op.cit. in bibliografia), Zuccaro afferma che l'automobile era armata di una mitragliatrice binata e non quadrinata.

72 Giancarlo Zuccaro, "L'ultimo abbraccio", opera citata in bibliografia, pagina 97 e 98.

73 Secondo la testimonianza di un reduce, lo stemma del Gruppo era dipinto su uno scudo sagomato bianco, ma, in tutte le fotografie, lo sfondo è sempre rettangolare.

Il secondo carro del primo Squadrone era dipinto interamente in grigioverde ed aveva nome "di battaglia" "TEMPESTA".
Il terzo carro dello stesso Squadrone era dipinto in giallo sabbia, con una mimetizzazione a macchie marrone rossiccio, ma non si sono potute trovare informazioni relative al nome "di battaglia" di questo carro.
L'unico M15 del "Leoncello" era dipinto in giallo sabbia e recava il nome "DERTHONA" sulla prua e, sotto il tricolore posto accanto al visore del pilota, il nome "SILVIO PELATI"[74] e, stando alla numerazione di torretta, avrebbe dovuto essere il carro n° 1 del III Squadrone (aveva il numero romano III sopra il tricolore ed il numero arabo 1 sotto). Non è però chiaro quale potesse essere il III Squadrone, dato che non risulta formato alcun III Squadrone nel Gruppo. L'ipotesi più plausibile è che questo carro fosse assegnato allo Squadrone Comando del Gruppo Corazzato, stando anche a documenti dello Stato Maggiore dell'Esercito; lo Squadrone Comando dovrebbe dunque essere stato, stranamente il III, ma non esistono conferme né smentite a riguardo. L'M15 aveva, almeno anteriormente, anche la targa, che risulta purtroppo illeggibile.
Il semovente "Bassotto" manteneva la livrea mimetica di fabbrica, cioè macchie marrone rossiccio e verdi su fondo giallo sabbia; sulle fiancate era presente il simbolo del reparto, rivolto verso la parte anteriore del corazzato. Un tricolore era posto ai lati della casamatta, in posizione arretrata rispetto al "Leoncello", apparentemente privo della numerazione utilizzata sui carri M, e sul fronte della stessa, a sinistra della bocca da fuoco; sotto il tricolore frontale vi era la scritta, in stampatello maiuscolo giallo o marrone chiaro, "TERREMOTO". Come abbiamo visto, era usanza del reparto attribuire dei soprannomi ai mezzi blindati e "TERREMOTO" era quello che era stato dato al semovente dai Carristi, a causa della mole e della potenza della bocca da fuoco del mezzo: secondo una testimonianza[75] fu scritto sulla stampa locale che il pezzo da 105/25 era così potente che, quando sparava durante le esercitazioni, faceva tremare tutta la città di Brescia, iperbole fatta nel tipico stile roboante della propaganda del periodo. Questa "potenza" fu però di poca utilità, dal momento che il semovente non fu mai impiegato in combattimento.
I due carri P26/40 impiegati a Milano avevano la livrea mimetica di fabbrica a tre colori a bordi netti, ma non portavano alcuna insegna di reparto, essendo stati ricevuti direttamente in loco ed utilizzati per pochi giorni.
Non si conosce purtroppo la colorazione dei carri leggeri L3, che erano in carico allo Squadrone Carri L, né la presenza di eventuali simboli di reparto su questi mezzi, non essendo stata reperita documentazione fotografica; per lo stesso motivo, non è nota nemmeno la colorazione del carro L6/40 assegnato all'unità. Nulla si sa purtroppo circa il suo impiego e la sua colorazione, si trattava probabilmente di un mezzo proveniente da quelli in rimessaggio presso il Deposito di Verona.

74 Silvio Pelati fu il primo tra i sostenitori della rivista "Il Leoncello" a cadere in combattimento e sul periodico di Tortona comparve il necrologio di questo militare, al quale fu più tardi intitolato l'unico carro M15/42 del Gruppo Corazzato. Pelati, nato a Tortona il 28 ottobre 1916, era sergente del III Gruppo Esplorante della 3ª Divisione Fanteria di Marina "San Marco" e morì ad Imperia il 21 agosto 1944, a causa dello scoppio di una mina.
75 Intervista orale del 13 gennaio 2005 rilasciata dal sottotenente Elvezio Borgatti (Gruppo Corazzato M "Leonessa") all'autore.

SEMOVENTE DA 105/25 M43 "TERREMOTO" SQUADRONE COMANDO

Simbolo del "Leoncello"

CARRO ARMATO M15/42 "DERTHONA" DEDICATO AL CADUTO SIVLIO PELATI

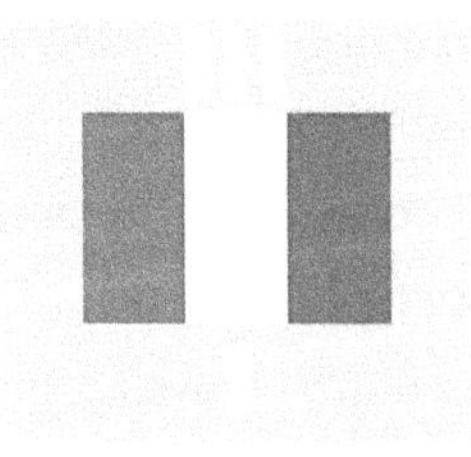

Simboli tattici

CARRO ARMATO M13/40 "TEMPESTA" 2° CARRO DEL 1° SQUADRONE CARRI M

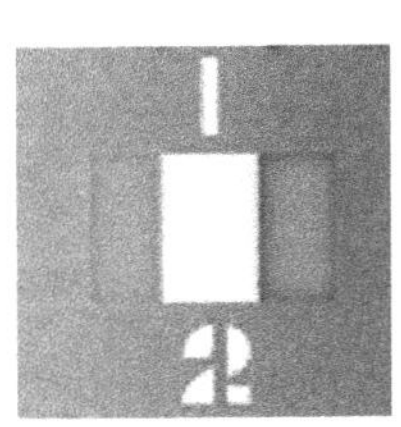

Simboli tattici

CARRO ARMATO M13/40 3° CARRO DEL 1° SQUADRONE CARRI M

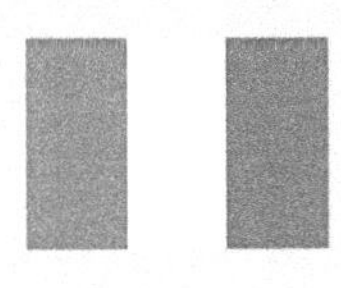

Simboli tattici

LE UNIFORMI DEI CARRISTI DEL "LEONCELLO"

La documentazione fotografica riferibile al Gruppo Corazzato del "Leoncello" è piuttosto scarsa e, se ci dobbiamo riferire alle uniformi indossate dai militari del reparto, il ventaglio si restringe ancora di più, rendendo veramente difficile il supporto per la ricerca uniformologica. Negli ultimi anni sono apparse alcune preziose fotografie nel volume di Nava e Corbatti "Come il Diamante!", che hanno permesso di chiarire, seppur parzialmente, l'argomento.

Quasi certamente all'inizio gli uomini del "Leoncello", provenendo da reparti dei Carristi e della Cavalleria, continuarono ad indossare le vecchie uniformi grigioverdi dei reparti di provenienza: giubba con bavero modello 1940, pantaloni corti sotto il ginocchio, calzettoni o fasce mollettiere, camicia e cravatta. Sicuramente, con il passare dei mesi una parte dei militari riuscì ad approvvigionarsi dei capi d'abbigliamento molto diffusi tra i militari repubblicani, quali le giubbe senza collo del tipo "paracadutista", ma soprattutto i pantaloni lunghi chiusi alla caviglia, molto più pratici per gli equipaggi dei carri armati. Gli ufficiali indossavano gli stivali in cuoio, mentre graduati e truppa portavano gli scarponcini e, probabilmente, per gli equipaggi dei carri era previsto l'uso dei gambali in cuoio.

Il copricapo utilizzato da tutti i militari del Gruppo, indipendentemente dal grado, era il largo basco, molto diffuso durante la Repubblica Sociale, in panno grigioverde, su cui era cucito frontalmente il fregio dei Carristi e, sul lato sinistro, i distintivi di grado. Alcuni militari del Gruppo Corazzato del "Leoncello", tra cui il comandante Zuccaro, seguendo una consuetudine adottata dai Carristi italiani durante la Guerra Civile Spagnola, utilizzarono un basco di panno nero. Sul basco veniva cucito il fregio della specialità Carrista del Regio Esercito, mentre non risulta che il nuovo fregio da copricapo dei Carristi, previsto dalla "Istruzione Provvisoria sull'uniforme dell'Esercito Nazionale Repubblicano" sia mai stato effettivamente adottato.

Gli indumenti protettivi e da fatica, cioè giaccone in pelle, tuta turchina (con i gladi cuciti al bavero) e casco di cuoio del disciolto Regio Esercito, completavano la dotazione degli equipaggi dei carri e l'uso ne è documentato fotograficamente, così come delle bandoliere in cuoio.

Il discorso si fa più complesso dovendo parlare di mostreggiature. Infatti, stando alla circolare n°216/CSM dello Stato Maggiore dell'Esercito, i Carristi avrebbero dovuto portare fiamme a tre punte di colore azzurro scuro, caricate dai gladi repubblicani. Sono note fotografie di Carristi del Deposito di Verona che indossano sia queste nuove mostrine, sia le vecchie mostrine regie, composte da fiamme a due punte rosse su rettangolo blu, private delle stellette, sostituite dai gladi. Per quanto riguarda il "Leoncello", parrebbe, nelle poche foto conosciute, che gli uomini del "Leoncello" avessero le fiamme a tre punte blu e che, quindi, furono gli unici a portarle effettivamente, insieme ai militari del Deposito Misto di Verona.

Nulla si sa a riguardo dei brevetti da pilota di carro armato, ma si può ipotizzare che continuarono ad essere appuntati sul petto dei militari, che avevano conseguito l'abilitazione alla guida.

Il Comando del Gruppo aveva stabilito di dotare i propri soldati di uno scudetto da braccio. Da alcuni documenti[76] risulta che nell'aprile '45 il reparto ricevette una fornitura di tali distintivi. una ricevuta del 9 aprile dell'Asilo Infantile "Maffizzelli" di Polpenazze riporta infatti come consegnati 15 scudetti "*Leoncello*" (così nel documento), ricamati su stoffa. Una seconda ricevuta, del 15 dello stesso mese, della ricamatrice Mary Bertazzi di Polpenazze permette di stabilire che erano stati "*eseguiti 16 distintivi ricamati (carri)*"[77] e "*12 scudetti ricamati (leoncello)*", regolarmente pagati dal reparto[78]. La ditta Lorioli ricevette probabilmente ordine di realizzare una versione metallica dello stesso scudetto. Esiste una ricevuta provvisoria della Lorioli, che attesta che l'azienda ricevette "*per conto del Comandante Gruppo Corazzato del Leoncello* [...] *la somma di Lit. 5.000 = (cinquemila) quale acconto fornitura N° 300 distintivi*", datata 13 aprile 1945. Di più non si sa, si può ipotizzare che sul distintivo e sullo scudetto vi fosse il leone rampante, che veniva usato come stemma del reparto sui mezzi corazzati.

In passato alcuni testi, che consideravano erroneamente il "Leoncello" un reparto di Cavalleria, riportavano l'informazione che i suoi Carristi portavano sulla giubba le fiamme a tre punte bianche con i gladi ed al berretto il fregio, costituito da una granata fiammeggiante con due lance incrociate e serto in basso, propri della Cavalleria della Repubblica Sociale. Questa informazione si è dimostrata errata, proprio grazie alle fotografie citate poc'anzi. Una eccezione, però, potrebbe essere costituita proprio dal comandante del reparto. È probabile, infatti, che il capitano Zuccaro abbia continuato ad indossare sulla propria uniforme gli attributi specifici della Cavalleria repubblicana, cioè le fiamme a tre punte bianche ed il relativo fregio. Infatti, nelle sue memorie, mentre narra il suo incontro con una colonna americana nei pressi di Palazzolo sull'Oglio, il comandante del "Leoncello" dice di essere "*chiuso nella tuta blu dei Carristi italiani a ricoprire la divisa di capitano della nostra Cavalleria*"[79].

76 Questi documenti si trovano a pagina 19 del libro di Fausto Sparacino "Distintivi e medaglie della R.S.I., della Legione SS Italiana e dei Veterani della R.S.I", citato in bibliografia.
77 È impossibile fare qualsiasi ipotesi su cosa fosse questo distintivo definito "carri".
78 Una curiosità: il prezzo unitario dello scudetto ricamato dalle suore era di 15£, mentre quello della ricamatrice 12 £.
79 Giancarlo Zuccaro, "L'ultimo abbraccio", opera citata in bibliografia, pagina 100.

I CADUTI DEL GRUPPO

Come abbiamo visto, il Gruppo Corazzato del "Leoncello" non prese parte né ad operazioni belliche, né ad attività antipartigiani e dunque parrebbe impossibile che si siano registrate delle perdite tra i militari del reparto. Nei giorni dell'insurrezione partigiana però, molti combattenti della Repubblica Sociale furono uccisi solo per aver militato in reparti considerati "fascisti" ed i militari del Gruppo non fecero eccezione.

Con l'ausilio della costantemente aggiornata pubblicazione "Albo dei caduti e dei dispersi della R.S.I." della Fondazione della R.S.I. – Istituto Storico di Terranuova Bracciolini (AR), e di un analogo lavoro di ricerca, "Elenco "Livio Valentini" - Caduti Repubblica Sociale Italiana", curato da un gruppo di ricercatori torinesi, sono stati reperiti i nominativi di tre caduti del "Leoncello".

Il 29 aprile 1945 a Polpenazze furono uccisi in un agguato da partigiani i Carristi Nevio Canzonieri e Guido Valle[80], che probabilmente erano rimasti nella cittadina dopo lo scioglimento del distaccamento del Gruppo Corazzato.

A Bergamo fu infine fucilato il 25 maggio, circa un mese dopo la fine della guerra, il Carrista Augusto Santinelli.

▲ Il Ministero della Difesa Nazionale della R.S.I., guidato dal maresciallo Rodolfo Graziani, si insediò a Polpenazze sul Garda nella tenuta "Le Posteghe". Il dicastero cambiò nome in Ministero delle Forze Armate il 6 gennaio 1944.

80 Secondo un'altra versione Guido Valle, che non aveva ancora compiuto 18 anni, era rimasto ferito in un incidente ed era stato ricoverato all'ospedale di Lonigo, dove fu ucciso il 26 aprile.

▲ Lo Squadrone Carri M a Polpenazze (BS) in una foto purtroppo di cattiva qualità (archivio Pisanò).

▼ Stemma del "Leoncello" così come appare sulla testata dell'omonima rivista del Partito Fascista Repubblicano di Tortona, fondato da Zuccaro.

▲ La prima vignetta realizzata dal famoso disegnatore Gino Boccasile per la rivista "Il Leoncello", comparsa sul numero 12 del 23 novembre 1944. Nel disegno si trova, oltre ad un carro armato della serie M stilizzato, un Ardito ed il motto del reparto corazzato "come il diamante!" (da "Il Leoncello").

▲ Cartolina donata al capitano Zuccaro da Mussolini nel corso dell'udienza dell'8 dicembre 1944. La dedica recita: "Al Camerata Capitano Carrista Gian Carlo Zuccaro del "Leoncello" cameratescamente Mussolini 8 dicembre 1944 – XXIII" (archivio Zuccaro).

▲ Il capitano Zuccaro, tra Mussolini e Graziani, durante la visita del Duce a Milano nel Dicembre 1944 (archivio Fossati).

▼ Fotografia del maresciallo Rodolfo Graziani, datata 1° gennaio 1945, con una dedica al capitano Zuccaro: i due erano profondamente amici. Vi si trova la celebre definizione che Graziani diede del Gruppo Corazzato: “Reparto carrista “Leoncello” pioniere della ricostituzione corazzata” (archivio Zuccaro).

▲ Un carro armato della serie M, probabilmente un M13/40 del Gruppo Corazzato del "Leoncello" mentre supera un pendio. Il mezzo è dipinto in giallo sabbia e spicca il tricolore posto accanto al visore del pilota. La cattiva qualità dell'immagine è dovuta al fatto che questa, come molte delle fotografie seguenti, provengono dalle pagine del periodico di Tortona (da "Il Leoncello").

▼ Fotografia apparsa sulla rivista "Il Leoncello" di un carro M13/40 del Gruppo nell'inverno 1944. Il carro, dipinto in giallo sabbia con macchie mimetiche marroni, è il 3° carro del I Squadrone, come indicano i contrassegni in torretta (da "Il Leoncello").

▲ Semovente da 105/25 M43 del Gruppo Corazzato del "Leoncello": si notano le strane aperture nelle gonne laterali in corrispondenza dei rulli tendi cingolo. Sulla fiancata non è ancora stato dipinto lo stemma del leone rampante e pertanto la fotografia è stata probabilmente scattata poco dopo l'arrivo del mezzo corazzato presso il reparto (da "Il Leoncello").

"BOCCASILIANA"

1945..

▲ Vignetta firmata da Gino Boccasile, apparsa su "Il Leoncello", che rappresenta il semovente da 105/25 del Gruppo: sul mezzo sono riportati, in maniera impropria, il numero "13", ricorrenti nella simbologia del reparto, come spiegato nel testo, ed il singolo del Gruppo "Leoncello" sul frontale della casamatta (da "Il Leoncello").

▲ Una fotografia migliore del semovente da 105/25 M43 del Gruppo "Leoncello". Il mezzo porta il nome di battaglia "TERREMOTO" sulla parte anteriore della casamatta e sembra presentare anche una targa , ma è impossibile capire se quest'ultima abbia una numerazione o se sia stato dipinto solo il rettangolo bianco, privo di numeri A bordo del mezzo il capitano Zuccaro, che sembra indossare un basco nero. Diverse copie di questa fotografia furono distribuite ai Carristi del Gruppo ed al retro recavano una dedica del comandante simile a questa: "Per Domenico Noè nella certezza della sua fedeltà fino in fondo! Capitano Zuccaro P.d.C. 867 13.3 XXIII" (archivio Arena).

▼ In piazza della Scala il 26 aprile sosta un M13/40, insieme ad un altro mezzo non identificato, perché letteralmente coperto da partigiani: il carro armato dovrebbe essere uno di quelli catturati a Pioltello. Intorno a questa foto si sono fatte anche altre ipotesi. Secondo una ricostruzione effettuata da reduci repubblicani del Distaccamento Decima di Milano durante un raduno nel dopoguerra, nella mattina del 26 aprile una decina di marò, comandati dal tenente Jonna, si recarono con un autocarro in zona Musocco, dove era stata segnalata la presenza di alcuni blindati abbandonati e lì furono recuperati un carro armato del "Leoncello" e due autoblindo. Sempre secondo questa ricostruzione, mentre facevano ritorno a piazzale Fiume (ora piazzale della Repubblica), dove si trovava il Comando tappa della Decima, la piccola colonna fu bloccata in piazza della Scala da una manifestazione di civili armati, che festeggiavano la Liberazione. Dopo attimi di tensione e di laboriose trattative, i militari della Decima furono lasciati passare (archivio Pisanò).

▲ Bellissima fotografia tratta dal numero 21 de "Il Leoncello", che ritrae l'unico carro M15/42 del Gruppo Corazzato. L'immagine permette di apprezzare la livrea e le insegne del corazzato. Anche in questo caso è presente la targa anteriore, la cui numerazione risulta illeggibile (archivio Lopez).

▲ M13/40 del "Leoncello" durante l'insurrezione, mentre appoggia un'azione di partigiani. In torretta si nota lo stemma del Gruppo, il tricolore e l'indicazione del numero del I Squadrone e del 2° carro.

▲ Questa fotografia apparve sulla copertina di una rivista postbellica dedicata all'insurrezione del 25 aprile e mostra uno dei due carri M13 del Gruppo "Leoncello" catturati dai partigiani delle "Matteotti" tra il 24 ed il 25 aprile 1945, impiegato dagli insorti a Milano in via Cernuschi, angolo viale Premuda.

▼ Uno dei due carri P40 della Vanzetti di Milano utilizzati dal "Leoncello" negli ultimi giorni di guerra, dopo la sua cattura da parte dei partigiani meneghini.

▲ Lo stesso carro, fotografato nello stesso luogo dell'immagine precedente, circondato da partigiani comunisti, alcuni in atteggiamento guerresco, a beneficio dell'obiettivo del reporter.

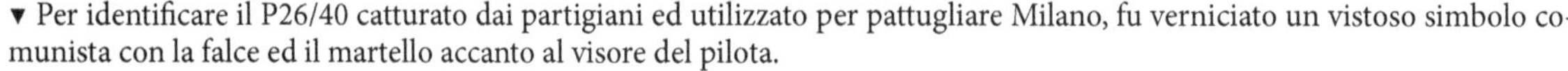

▼ Per identificare il P26/40 catturato dai partigiani ed utilizzato per pattugliare Milano, fu verniciato un vistoso simbolo comunista con la falce ed il martello accanto al visore del pilota.

▲ Il carro M13/40 del Gruppo "Leoncello" denominato "Tempesta", mentre sfila con i partigiani della 1ª Brigata "Matteotti" di Pioltello (MI) il 1° maggio 1945 nella stessa cittadina (archivio Manes).

▼ Un'altra foto della manifestazione dell'immagine precedente. Sulla prua del carro catturato al "Leoncello" è stata dipinta la scritta "BRIGATA MATTEOTTI" ed in torretta con un telo bianco si è cercato di coprire lo stemma con il leone rampante. Dietro l'M13/40 l'automobile utilizzata dal partigiano Giacomo Cibra, soprannominata "Coppa d'oro".

▲ Gian Carlo Zuccaro, all'epoca tenente dei "Cavalleggeri di Monferrato", in una foto da studio, scattata nel settembre del 1935 (archivio Cicala).

LA RIVISTA "IL LEONCELLO"

Il Gruppo Corazzato comandato dal capitano Zuccaro prese il nome dall'omonima rivista "Il Leoncello". La rivista, organo di stampa della sezione del Partito Fascista Repubblicano di Tortona, città di Zuccaro, fu fondata alla fine del 1943 da cinque illustri tortonesi, definiti da Zuccaro in una lettera a Mussolini del marzo 1944 "*una schiera di ardenti, purissimi fascisti tortonesi, tutti combattenti, decorati e mutilati*". Oltre a Gian Carlo Zuccaro, gli altri quattro ideatori di questa testata, il cui numero d'esordio uscì il 20 dicembre 1943, furono Ferruccio Pastore, Eugenio Belluati, Mario Vistarin e Polo Pelati. Il giornale, o meglio, il foglio, dato che era stampato, fronte e retro, su un'unica pagina, portava come sottotitolo una frase emblematica: "*La redazione è composta esclusivamente da Combattenti, Mutilati di guerra e Decorati al Valor Militare*". Dopo la costituzione del Gruppo "Leoncello", a questa espressione programmatica, si aggiunse un altro sottotitolo, che legava direttamente la rivista al reparto: "*Foglio super-corazzato dei corazzati!*". Sulla testata capeggiava anche lo stemma della città di Tortona, un leone rampante, linguato ed armato, che reggeva un fascio littorio, tipico dell'epoca fascista[81] ed il motto "*Similis Derthona Leonis*" ("*Tortona simile ad un leone*"). Caratterizzato da una periodicità trimensile (veniva pubblicato, di regola il 1°, il 10 ed il 20 di ogni mese, anche se, con il passare dei mesi, non fu sempre rispettata la data esatta di uscita), il foglio iniziò immediatamente una crociata contro tutti coloro che sembravano essere contrari al bene ed alla vittoria della Patria, senza risparmiare nessuno da attacchi anche feroci, con un aggressivo e spregiudicato stile giornalistico simile a quello dei tabloid d'inchiesta contemporanei. Per questo motivo "Il Leoncello" fu presto mal visto da più parti, persino dagli organi militari e politiche, e dopo alcuni mesi, nel marzo del 1944, la pubblicazione fu sospesa dalle autorità, anche se ufficialmente la cessazione dell'attività fu giustificata con la penuria di carta da dedicare alla stampa, a causa dello stato di guerra[82]. Bisogna però specificare che il giornale conteneva non soltanto articoli di piccante critica sociale, ma anche notizie di cronaca civile e militare della città di Tortona e, saltuariamente, anche di altre località italiane, ed alcune rubriche di corrispondenza alla redazione. Sul giornale comparivano, naturalmente, pezzi dedicati al reparto organizzato da Zuccaro e fotografie dei mezzi corazzati del "Leoncello".

Zuccaro riuscì a riprendere la pubblicazione del suo giornale solo a metà novembre del 1944, grazie all'interessamento del ministro della stampa e propaganda Mezzasoma e, probabilmente, per l'influenza che Zuccaro stava esercitando all'interno dei Ministeri e per la sua profonda amicizia con il maresciallo Graziani. Nonostante le raccomandazioni di Mezzasoma a tenere quello che oggi si direbbe un "profilo basso", la rivista proseguì la propria battaglia giornalistica moralizzatrice.

Inizialmente la testata aveva la redazione a Tortona presso la Casa Littoria, sita in corso Leoniero

81 La città di Tortona ha ottenuto ufficialmente, con Decreto Governativo del 28 dicembre 1935, il diritto a servirsi del proprio antichissimo stemma civico, che è, secondo la terminologia araldica, "di rosso al leone d'argento, linguato ed armato, tenente con le zampe anteriori una rosa fogliata e fiorita d'argento", utilizzato anche ai giorni nostri. Lo scudo, sormontato da corona da Marchese, è accompagnato dal motto "Pro tribus donis similis Terdona leonis", nel quale viene riecheggiato l'antico nome della città, Terdona, libero e potente comune del XII secolo. in un gioco di parole che richiama i tre doni ("tribus donis" e "Ter dona"). Nel periodo romano ed altomedievale la città era chiamata invece Derthona.

82 Zuccaro, nella già citate lettere al Duce del marzo 1944 motiva la chiusura del suo giornale, affermando che è conseguenza della "disposizione superiore che riduce ad uno solo i giornali politici per provincia", spiegando a Mussolini, con una punta di immodesto orgoglio, che nella "provincia di Alessandria rimane così giustamente "Il Popolo di Alessandria", organo della Federazione, giudicato però unanimemente inferiore al Leoncello".

4. Successivamente (probabilmente dopo la ripresa della pubblicazione della rivista) furono aperti anche un ufficio di redazione a Genova, presso la sede del Partito Fascista Repubblicano in piazza Corridoni, ed un altro a Milano in via Galileo Galilei 7. Qui, dopo la ripresa della pubblicazione nell'autunno 1944, il "Leoncello" veniva stampato nella tipografia del quotidiano sportivo "Gazzetta dello Sport", nella cui redazione era stato riservato una scrivania d'appoggio per Zuccaro. Il direttore della "Gazzetta" Brambilla fungeva anche da dirigente di collegamento con il giornale del capitano Zuccaro. Quest'ultimo risultava, anche sulla testata, fondatore del giornale e, di fatto, ne fu il direttore, finché non fu sostituito da Clemente Brugnadelli, iscritto al Partito Fascista Repubblicano di Tortona. Successivamente, quando fu costituita la Brigata Nera di Alessandria "Attilio Prato", il P.F.R. tortonese fu trasformato in Compagnia della stessa Brigata[83] e Brugnadelli ne diventò un membro, continuando allo stesso tempo a dirigere "Il Leoncello". Zuccaro continuò ad interessarsi della sua "creatura" editoriale, tanto che come codirettore comparivano le iniziali G.C.Z., Gian Carlo Zuccaro.
A partire dal numero 12 del 23 novembre 1944 iniziò a collaborare con il periodico il disegnatore Gino Boccasile, che all'epoca era sottotenente delle SS italiane: per ciascun numero della rivista disegnò una vignetta nel suo stile caratteristico, alcune dedicate al Gruppo "Leoncello", altre a sfondo satirico.
Quasi certamente fu lanciata una sorta di campagna di abbonamento al periodico, con un tesseramento di tutti gli iscritti, che venivano denominati "Leoncelli" e "Leoncelle", rispettivamente se uomini o donne, i quali ricevevano un piccolo distintivo argentato con lo stemma che appariva su "Il Leoncello". Sulle pagine de "Il Leoncello" spesso veniva riportata l'andamento dei tesseramenti, in una rubrica intitolata "Situazione nella Tana", nella quale si apprende, ad esempio, che al 5 novembre 1944 i Leoncelli erano complessivamente 221; il 1° gennaio 1945 i Leoncelli risultavano essere 243 e le Leoncelle 62, per un totale di 305 iscritti, mentre due mesi dopo i tesserati erano 421, 332 Leoncelli e 90 Leoncelle. Sulle pagine del periodico di Tortona venivano anche riportati fatti inerenti alle imprese militari dei tesserati, come ad esempio il già citato Silvio Pelati, caduto ad Imperia il 21 agosto 1944, o il sergente maggiore Mario Garbarino, che era tesserato Leoncello numero 48. Garbarino era vicecomandante del Plotone Pezzi Leggeri da 75mm del 3° Squadrone Pesante del III Gruppo Esplorante della Divisione "San Marco" e fu decorato di Croce di Guerra al Valor Militare il 3 ottobre 1944. Sappiamo che la tessera numero 1 del "Leoncello" apparteneva a Gian Carlo Zuccaro, il quale donò una tessera (la numero 1bis) anche a Benito Mussolini, durante il colloquio avvenuto l'8 dicembre 1944. Zuccaro così racconta la rocambolesca scena: "[...] *interruppi la sua azione di congedo offrendogli risolutamente un tesserino di appartenenza al "Leoncello" (giornale e reparto) e appuntandogli sul petto spoglio di decorazioni lo stemma argenteo dell'ente in oggetto. Lui lasciò fare e si limitò ad esaminare la modesta tessera, mi ringraziò per il gesto e, abbozzando un sorriso tutto romagnolo mi chiese – Perché io sono tesserato come uno-bis?*
- Perché- risposi con l'aria più seria ed innocente possibile – il titolare della tessera numero 1 sono io"[84].
"Il Leoncello" uscì per l'ultima volta il 15 aprile 1945, dopo la pubblicazione di 22 numeri, che, anche se in maniera come abbiamo visto discontinua, avevano accompagnato i due anni e mezzo di vita della Repubblica Sociale Italiana con il suo inconfondibile stile editoriale.

83 Distaccamento Tortona, al comando del capitano Morgravio Oreste.
84 Giancarlo Zuccaro, "L'ultimo abbraccio", pagina 100, opera citata in bibliografia.

IL CAPITANO GIANCARLO ZUCCARO, UOMO ECLETTICO E PASSIONALE

Gian Carlo Zuccaro nacque a Tortona (AL) il 21 gennaio 1914, figlio del tenente colonnello Federico, ufficiale pluridecorato dei Granatieri. Entrò nell'Accademia Militare di Modena nel 1932, come Allievo Ufficiale di Cavalleria. Partecipò alla Guerra di Etiopia, con il grado di sottotenente, venendo poi aggregato, al termine della campagna, al 1° Reggimento "Nizza Cavalleria". Dopo lo scoppio nel secondo conflitto mondiale, seguì corsi di guida per autoblindo e carri armati presso la scuola di Pinerolo ed ebbe come istruttore il celebre pilota automobilistico Nino Farina, che si era arruolato volontariamente. Nel 1942 partecipò alla Campagna di Russia, promosso capitano, al comando del 1° Squadrone del 5° Reggimento "Lancieri di Novara", meritando una Medaglia d'Argento al Valora Militare "*per esemplari comportamenti*" ed una Croce di Guerra al Valor Militare, concessa sul campo durante gli scontri sul Don. Rientrato in Patria ferito, fu assegnato alla Divisione Corazzata Ariete II", come comandante dello Squadrone Motociclisti del 16° Reggimento "Cavalleggeri di Lucca". Il 28 luglio 1943 Zuccaro rischiò di rendersi protagonista di un evento che, con ogni probabilità avrebbe cambiato la storia della Seconda guerra mondiale. L'ufficiale con lo Squadrone di Cavalleria da lui comandato, si trovava nei pressi dell'aeroporto di Vigna di Valle, dove quella mattina atterò un idrovolante, da cui fu sbarcato un civile, caricato senza indugi su un'ambulanza. Il civile fu riconosciuto dal personale militare dell'aeroporto come Mussolini e la notizia si sparse rapidamente anche al di fuori dell'aerodromo[85]. Zuccaro, appreso questo fatto, si recò rapidamente alla base degli idrovolanti, ma, saputo che l'ambulanza era già ripartita con la scorta di una sola autovettura, si mise all'inseguimento a bordo della sua auto, seguito da un autocarro carico di militari del suo reparto, con la determinazione di raggiungere Mussolini e liberarlo. Fu una questione di attimi: i minuti che Zuccaro perse a Vigna di Valle per capire dove era diretta l'ambulanza furono fatali e permisero al piccolo convoglio di seminare gli inseguitori.

Dopo l'Armistizio, tornato a Tortona, fondò il periodico "Il Leoncello", che, come abbiamo visto poc'anzi, subì alterne fortune. Zuccaro fu successivamente destinato alla Scuola Addestramento Ufficiali n°2 dell'Esercito Nazionale Repubblicano di Tortona, ma, stanco della forzata lontananza dal fronte, scrisse più volte, come abbiamo visto, direttamente al Duce, in cerca di una destinazione di guerra attiva, diventando così propugnatore e, successivamente comandante, di un reparto di carri armati dipendente dal Ministero delle Forze Armate, chiamato "Leoncello", in onore del simbolo della sua città natale. Arrestato a Milano il 26 giugno 1945, fu imprigionato per alcuni mesi nel carcere di San Vittore, fu successivamente epurato e dovette lasciare le Forze Armate.

Nel dopoguerra Zuccaro si dedicò alla carriera giornalistica sportiva, diventando collaboratore negli anni '50 della trasmissione televisiva della RAI "La Domenica Sportiva". Fu anche direttore della

85 L'Idrovolante proveniva dall'isola della Maddalena; Mussolini infatti, dopo il suo arresto fu trasferito dapprima sull'isola di Ventotene, poi a Ponza ed infine alla Maddalena, in Sardegna. Il luogo di prigionia fu però ritenuto poco sicuro e per questo motivo il Duce fu riportato sulla Penisola, per essere trasportato sul Gran Sasso.

rivista satirica ligure “Zig Zag” e si distinse come autore di libri, non solo a tema sportivo. Morì a Genova il 10 marzo 1991, chiese che sulla sua tomba venisse lasciato un epitaffio semplicissimo: “*Gian Carlo Zuccaro 1914 - 1991*”. Nel corso della sua vita Zuccaro coltivò numerosi importanti amicizie, legate sia alla casa regnante (il padre era stato comandante del III Battaglione del 1° Reggimento “Granatieri di Sardegna”, nel quale prestò il servizio di leva il principe Umberto), sia ad ambienti politici (fu molto amico del maresciallo Rodolfo Graziani), sia nell’ambito sportivo (Gianni Agnelli, Enzo Ferrari, Fausto Coppi).

▲ Il pilota Nino Farina, tenente di Cavalleria di complemento, capo istruttore dei corsi di motorizzazione alla Scuola di Cavalleria di Pinerolo nel 1941 insieme al capitano Zuccaro (archivio Fossati).

▲ Gian Carlo Zuccaro nel 1939 monta il destriero Zappatore (archivio Zuccaro).

▼ Nel luglio del 1943 fu ricostituita la Divisone "Ariete", nella quale era inserito il Reggimento "Cavalleggeri di Lucca"; a Zuccaro (secondo da destra) fu affidato il comando dello Squadrone Motociclisti, che aveva una dotazione di 120 motociclette di modelli differenti, anche civili di requisizione (archivio Fossati).

▲ Sul fronte del Don, il capitano Zuccaro, allora comandante del 1° Squadrone del 5° Reggimento "Lancieri di Novara", in una buca, che fungeva da rifugio, nella tarda estate del 1942. Si nota, a destra, il ricovero per la notte, mimetizzato con un telo tenda italiano (archivio Zuccaro).

DOCUMENTI

1° DEPOSITO CARRISTI
Ufficio Materiali

N° 342 di prot. P.D.C. 857,lì 17/6/44 XXII

OGGETTO = Situazione automezzi e carri armati.-

AL 203° COMANDO MILITARE REGIONALE
Ufficio Automobilistico POSTA CAMPO 80I

e, per conoscenza
AL 27° COMANDO MILITARE PROVINCIALE
Ufficio Servizi POSTA CAMPO 857

Con riferimento al foglio n° 1332/3/08 in data 13/6/44 di codesto Comando si rende noto quanto segue:

I carri armati attualmente efficenti sono i seguenti:
- n° 2 carri armati mod. M/13-40
- n° 3 carri armati mod. L/3 (di cui uno in servizio presso codesto Comando)

I due carri armati M/13 ed un carro L/3 sono appena rientrati da una azione di rastrellamento in cooperazione con reparti della G.N.R. - Gli stessi, dopo una sommaria revisione e la prescritta manutenzione, saranno tenuti a disposizione del Ministero FF/AA. (Gabinetto) che provvederà al loro ritiro in questi giorni.-

Si stà intanto lavorando per la rimessa in efficenza degli altri carri armati; non si possono però far previsioni circa la data del loro approntamento:

1°) - perchè, pur essendo attrezzata per le riparazioni del caso, l'officina scarseggia di personale (molti operai sono stati inviati, parte al Centro Costituzione G.J. di Vercelli per indisponibilità di carristi non specializzati, altri sono stati assegnati, come da ordine dello S.M.E. alle Officine delle Divisioni Corazzate Germaniche.-

2°) - perchè non è sempre possibile trovare le parti di ricambio necessarie e occorre quindi ricorerre a ripieghi o ad adattamenti che fanno perdere molto tempo.-

I carri d'altra parte dopo le riparazioni vanno collaudati a fondo per evitare inconvenienti all'atto del loro impiego.- Necessita quindi un'assegnazione di carburante e lubrificante che, se non è attuabile, può essere sostituita dall'autorizzazione all'acquisto degli stessi a mercato libero.-

Per accelerare la rimessa in efficenza dei carri che possono trovare impiego utilissimo anche nel rastrellamento contro i ribelli, sarebbe opportuna l'assegnazione di una aliquota di elementi specializzati per gli equipaggi dei carri armati e per l'officina.-

Si potrebbe così formare un reparto di pronto impiego per quasiasi evenienza.

Si otterrebbe in tal modo anche un immediato rialzo del morale dei carristi i quali rivedrebbero, finalmente, e con grande orgoglio, un reparto italiano di carri armati.-

Questo Deposito è inoltre completamente sprovvisto di munizioni per cannoni da 47/40 e da 105/25.- Se ne chiede pertanto un'assegnazione sufficente per la prova delle armi e per una scorta adeguata del semovente da 105/25 e dei carri M/15-42.-

IL COMANDANTE INTERINALE
- F/to Ten. Col. A. Reggio -

p.c.c.
IL CAPO UFFICIO AUTOMOBIL.CO
- Magg. Fonti Enea -

▲ Estratto dalla relazione stilata dal tenente colonnello Reggio, comandante interinale del 1° Deposito Carristi di Verona, del 17 giugno 1944, che riepiloga i mezzi corazzati e gli autoveicoli disponibili presso il Deposito e le loro condizioni di condizioni di efficienza. La relazione, estremamente dettagliata per ciascuno dei veicoli fu inviata allo Stato Maggiore dell'Esercito, al 203° Comando Militare Regionale ed al 27° Comando Militare Provinciale (A.U.S.S.M.E. – Fondo L1 R.S.I. – busta 36).

1821/016
9-9-44

STATO MAGGIORE ESERCITO
UFFICIO ORDINAMENTO E MOBILITAZIONE
1ª Sezione (ordinamento)

N° 06/13650/1 di prot. P.d.C. 865 li, 30 agosto 1944-XXII

AL SOTTOSEGRETARIATO DI STATO PER L'ESERCITO
-- Gabinetto -- P.d.C. 717
AL 203 COMANDO MILITARE REGIONALE P.d.C. 801

e, per conoscenza:

AL MINISTERO DELLE FORZE ARMATE
-- Gabinetto --
-- Segreteria Militare --
(rif.f. 7676 S.M. del 24 agosto 1944) P.d.C. 867
AL COMANDO DEL CO.GU. P.d.C. 841
AL CENTRO COSTITUZIONE GRANDI UNITA' P.d.C. 871
AL COMANDO DEL C.A.R.S. P.d.C. 795
AL COMANDO DEL R.A.P. P.d.C. 795
AI COMANDI MILITARI REGIONALI : 202 - 204 - 205 - 206 - 210
POSTA DA CAMPO : 751 - 847 - 795 - 841 - 733
ALL'UFFICIALE GERMANICO DI COLLEGAMENTO presso il Ministero delle FF.AA. P.d.C. 867
ALL'UFFICIO ITALIANO DI COLLEGAMENTO presso il Ministro Plenipotenziario delle Forze Armate Germaniche in Italia P.d.C. 357
AGLI UFFICI DELLO STATO MAGGIORE ESERCITO P.d.C. 865
ALL'UFFICIALE GERMANICO DI COLLEGAMENTO presso lo Stato Maggiore Esercito P.d.C. 865

OGGETTO: scioglimento del 1° deposito carristi.

I. - Dato il minimo carico di mobilitazione del 1° deposito carristi, in seguito ad autorizzazione del Ministero delle FF.AA., si dispone che il deposito stesso venga sciolto sotto la data del 31 agosto p.v. --

II.-- In luogo del disciolto deposito sarà costituita, in seno al 27° deposito misto provinciale, una sezione carristi col seguente organico:

AGOSTO All. n° 41

../..

- 2 -

- capo sezione (capitano) 1
- subalterno addetto 1
- sottufficiali 3
- dattilografi e scritturali.......... 3
- ordinanza d'ufficio 1

III. - Il personale che si renderà disponibile per effetto dello scioglimento in questione, ad eccezione di quello occorrente per la costituzione dell'anzidetta sezione, verrà utilizzato come segue:

a) - ufficiali: saranno designati nominativamente al Sottosegretariato di Stato per l'Esercito, che disporrà per il loro ulteriore impiego;

b) - sottufficiali e truppa: saranno avviati:

- incondizionatamente idonei: al comando R.A.P. in Brescia che li includerà nei costituendi battaglioni C.G.
- meno idonei: alla Flak secondo le norme di cui alla circolare di questo Stato Maggiore n.06/13180/2 in data 20 agosto 1944.

IV. - Il Sottosegretariato di Stato per l'Esercito é pregato di voler emanare le disposizioni di competenza nei riguardi dell'ulteriore impiego e delle dipendenze dell'officina del 1° deposito carristi.

V. - Sotto la data del 1° settembre 1944, il 1° gruppo squadroni corazzato "San Giusto" passa dal carico di mobilitazione del 1° deposito carristi nel carico di mobilitazione del 27° deposito misto provinciale (sezione carristi).

Il 203 comando militare regionale emanerà le disposizioni di competenza agli enti interessati.

SEGNARE RICEVUTA.

IL SOTTOCAPO DI S.M.DELL'ESERCITO
- F.to Gen. A.Scala -

P. C. C.
IL CAPO D.DEL s.S.M.CAPO UFFICIO
(R.Converti)

▲ Comunicazione del 30 agosto 1944 che sancisce lo scioglimento del 1° Deposito Carristi di Verona "dato il minimo carico di mobilitazione", costituendo, contemporaneamente, una Sezione Carristi all'interno del 27° Deposito Misto Provinciale della città scaligera, con un organico estremamente ridotto (A.U.S.S.M.E. - Fondo L1 R.S.I. - busta 36).

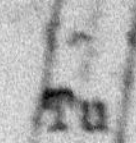

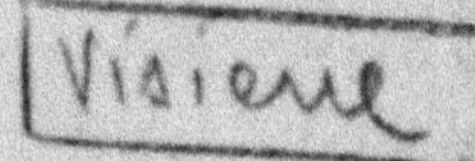

STATO MAGGIORE ESERCITO

Ufficio Operazioni e Servizi

Prot.N°08/ 4180/Op. P. da C. 865, 20/9/1944-XXII

PROMEMORIA PER IL SOTTOCAPO DI STATO MAGGIORE

———oOo———

Allo scopo di:

- riunire in reparti forniti di mezzi omogenei, i vari carri armati attualmente sparsi ovunque (efficenti o in riparazione, impiegati o no);
- di garantire un efficace, redditizio impiego nelle azioni di controguerriglia;
- di formare elementi anche moralmente e disciplinarmente saldi;

l'Ufficio propone di costituire una

"COMPAGNIA AUTONOMA CARRI"

La predetta compagnia potrebbe essere così costituita:

a)- PLOTONE COMANDO

- 1 carro M.13/40 - in riparazione presso Dep.1°Rgt.Carristi
- 1 " L. 3 - " " " " " "
- 1 " L. 6 - presso Dep. 1° Rgt. Carristi
- eventualmente semovente da 105(strumenti di puntamento presto rimessi a posto)

b)- 1° PLOTONE CARRI

- 1 carro L.3 - presso Dep. 1° rgt.Carristi - equipaggio completo
- 1 " L.3 - presso 21° Com.Mil.Reg. - ineff. - riparabile sul posto - disposto perchè sia rimesso in efficenza.
- 1 " L.3 - presso 6° Com.Mil.Prov. (Polveriera di Barbarone) -inefficente - disposto per il trasporto e le riparazioni presso il 1° Dep. Carristi.
- 1 " L.3 - presso ippodromo Trenno - Dopolavoro ippico a San Siro (Milano) inefficente - disposto per il trasporto e la riparazione presso il Dep.Carristi.

./.

- 2 -

2° PLOTONE CARRI

1 carro L.3 - presso 203 Com. Mil. Reg. - Efficente
1 " L.3 - " " " " " - "
1 " L.3 - " Ministero FF.AA. - Gabinetto
1 " L.3 - " Sottosegretariato di Stato Esercito

3° PLOTONE CARRI

1 carro M.13/40 - presso Dep.1° Rgt. Carristi - Equipaggio co
1 " M.13/40 - " Ministero FF.AA. - Gabinetto - effic
1 " M.13/40 - " " " " - " - "
1 " M.13/40 - " S.Segretariato Esercito - efficente

Non si tiene conto:

i 4 L.3 ceduti al Gruppo Carri "Leonessa" della G.N.R., già ri
i in restituzione e che già formano un plotone organico in pie
ficenza;

alcuni carri che il Dep. 1° Rgt. Carristi ha segnalato di pot
n molta probabilità, ricuperare e rimettere in efficenza.

Se la proposta viene accolta, l'Ufficio Ordinamento potrebb
bilire gli organici di dettaglio per definire poi la questione
il Ministero FF.AA. ed il Sottosegretariato Esercito.

Nell'eventualità che non si ritenesse opportuno costituire
pagnia, si potrebbero costituire per ora 2 plotoni.

▲ Promemoria dello Stato Maggiore dell'Esercito del 20 settembre 1944 che auspica la costituzione di una Compagnia Autonoma Carri, proponendone anche una possibile struttura operativa, utilizzando i mezzi corazzati presenti presso il Deposito Carristi di Verona, unitamente ad altri dispersi presso diversi Enti militari del Nord Italia. Di fatto questo è un documento che dà l'avvio alla costituzione del Gruppo Corazzato del "Leoncello". (A.U.S.S.M.E. – Fondo L1 R.S.I. – busta 36).

▲ Firma autografa del capitano Gian Carlo Zuccaro e timbro a bollo tondo del reparto da lui comandato, con l'indicazione completa "GRUPPO CORAZZATO DEL LEONCELLO (13)" (archivio Arena).

▼ Buono collettivo utilizzato dalle Forze Armate per prelevare i viveri necessari ai reparti. In particolare, il buono qui riprodotto attesta che il "Leoncello" ricevette 420 razioni di carne, pari a 600 grami complessivi, per i fabbisogni del Gruppo per il periodo che andava dal 16 al 23 febbraio 1945. Il cibo veniva approvvigionato attraverso la Sezione Staccata Militare Alimentazione Militare di Desenzano del Garda (Centro Studi RSI di Salò (BS) - Fondo Archivistico "Vittorio Martinelli").

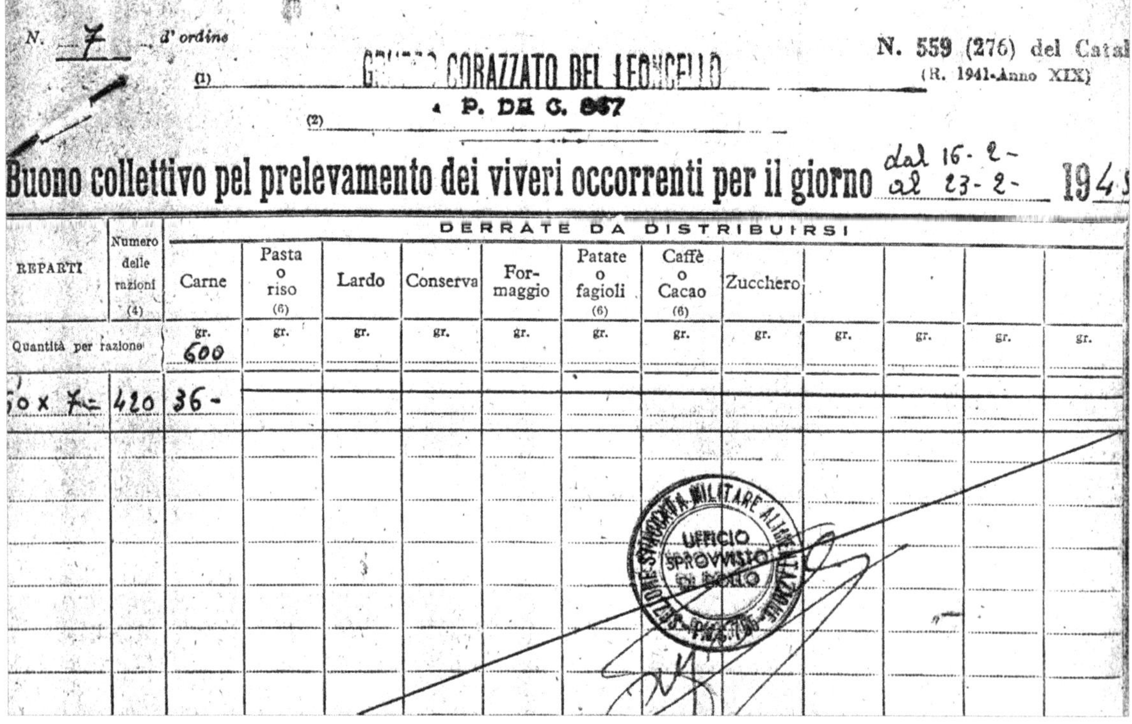

N. 7 d'ordine

(1) GRUPPO CORAZZATO DEL LEONCELLO

(2) P. DI C. 867

N. 559 (276) del Catal
(R. 1941-Anno XIX)

Buono collettivo pel prelevamento dei viveri occorrenti per il giorno dal 16-2- al 23-2- 194[5]

REPARTI	Numero delle razioni (4)	DERRATE DA DISTRIBUIRSI											
		Carne	Pasta o riso (6)	Lardo	Conserva	For-maggio	Patate o fagioli (6)	Caffè o Cacao (6)	Zucchero				
Quantità per razione		gr. 600	gr.	gr.	gr.	gr.	gr.	gr.	gr.	gr.	gr.	gr.	gr.
60 x 7 =	420	36-											

UFFICIO SPROVVISTO DI BOLLO

C. C. G. U.

DEPOSITO DIVISIONE "ITALIA"

Bu/Ve
Ufficio Comando
N. 1100/C. di Prot.

P.C.799 li 21/2/45/XXIII

Risposta al foglio N.

del

OGGETTO: Trasferimento di sottufficiali

Al COMANDO GRUPPO CORAZZATO DEL MINISTERO FF.AA.
P.C.867

e,per conoscenza:

AL C.C.G.U. - Uff.Ord.e Pers.- Sez.Ordinam. - P.C.871

In ottemperanza a quanto disposto dal C.C.G.U.- Uff.Ord.e Pers.-Sez.Ord.con foglio 01/558/A.in data 13/2/45, si trasferisce,sotto la data del 21 c.m., a codesto Comando il Sergente PIOLA Armando cl.1922 Distr.Mil.di Monza.

Si trasmette in allegato la relativa bassa di passaggio in duplice copia con preghiera di restituirne una firmata per ricevuta.

IL COLONNELLO COMANDANTE
(Arpaja Federico)

▲ Ordine di trasferimento del sergente Armando Piola dal Deposito della Divisione "Italia" al Gruppo Corazzato del "Leoncello", datato 21 febbraio 1945. I relativi fogli di viaggio, allegati a questo foglio d'ordine, attestano l'arrivo del sottufficiale al Gruppo il 3 marzo successivo. E' interessante notare con il "Leoncello" sia indicato nel documento come "Comando Gruppo Corazzato del Ministero delle Forze Armate" (Centro Studi RSI di Salò (BS) - Fondo Archivistico "Vittorio Martinelli").

GRUPPO CORAZZATO
del LEONCELLO (13)
"...come il diamante!..."

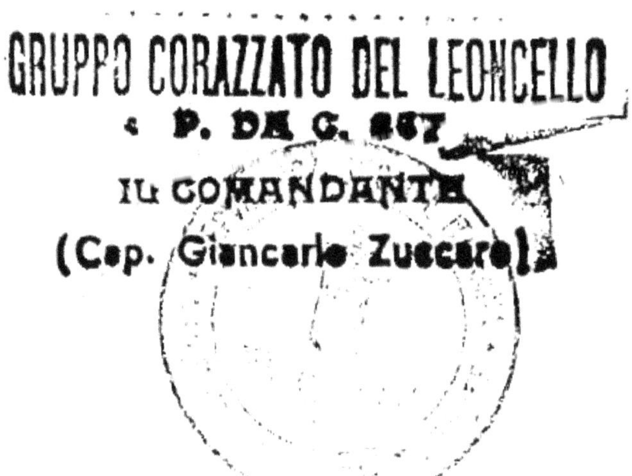

▲ Dall'alto timbro circolare del 27° Deposito Misto Provinciale di Verona, da cui dipendeva il "Leoncello" e due diversi timbri del Gruppo Corazzato. Il primo riporta la denominazione completa "GRUPPO CORAZZATO del LEONCELLO (13)" ed il motto "...come il diamante!...", mentre il secondo era utilizzato dal comandante capitano Zuccaro, reca anche l'indicazione della Posta da Campo 867, assegnata agli enti dipendenti dal Ministero delle Forze Armate dislocati nei dintorni di Polpenazze, ed il bollo tondo del reparto.

P. F. R.

SERVIZIO AUSILIARIO FEMMINILE

COMANDO GENERALE

28.2.1945 XXIII°

Ufficio Personale

Prot. N. 1435 CA/av.

OGGETTO: assegnazione

Con decorrenza I° Marzo 45 XXIII°, ti ho assegnata al Gruppo Corazzato del "Leoncello" P.C. 867.

Dovrai raggiungere subito la nuova sede, presentandoti alla Commissaria provinciale S.A. di Brescia.

LA COMANDANTE GENERALE S.A.
(Piera Gatteschi)

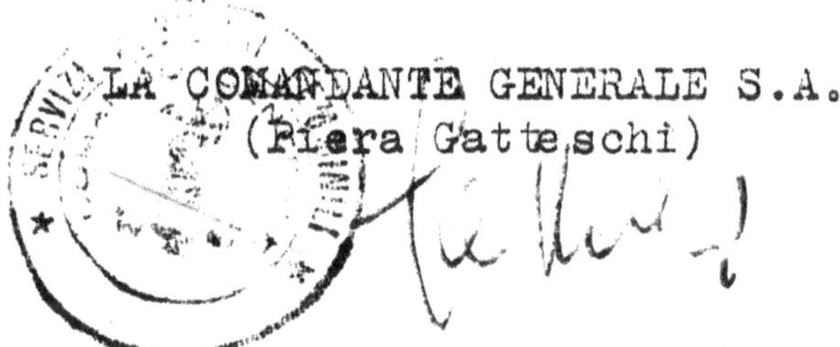

Ausiliaria TONEGUTTI NEDDA
SEDE

e p.c.
COMANDO PROVINCIALE S.A. = UDINE
COMANDO PROVINCIALE S.A. = BRESCIA
GRUPPO CORAZZATO DEL LEONCELLO = P.C.867

▲ Lettera di assegnazione dell'Ausiliaria Nedda Tonegutti al Gruppo Corazzato del "Leoncello", con decorrenza dal 1° marzo 1945; la lettera, datata 28 febbraio 1945, è firmata dalla Comandante Generale del Servizio Ausiliario Femminile Piera Gatteschi (Centro Studi RSI di Salò (BS) - Fondo Archivistico "Vittorio Martinelli").

DISPOSIZIONI GENERALI 4

Oltre a tale difesa relativa ad ogni località, ritengo però necessario venga costituito ed approntato un

1) NUCLEO MOBILE DI MANOVRA

in grado di costituire "massa di manovra", che, nelle mani di un Comandante, possa accorrere a difendere le varie zone minacciate.

Di tale Nucleo Mobile di manovra verrebbero a far parte:

1° il Gruppo corazzato del "Leoncello" (11°)

2° il Reparto Mobile (da costituirsi) presso il Q.G.

GRUPPO CORAZZATO DEL "LEONCELLO":

Organico:	Ufficiali	n.	7
	Sottuff. e truppe	"	64
	tot. uomini	n.	71
	Mezzi corazzati	n.	14
	Autocarri		5
	Autovetture		2
	Motocicli		3
	totale mezzi		24

In caso di impiego del gruppo rimarrebbero nella sede abituale n. 2 carri e n. 15 uomini di truppa al comando di un maresciallo o serg. magg. anziano.

Il munizionamento occorrente per coprire il fabbisogno di un'azione bellica contro eventuale infiltrazione partigiana è il seguente:

per cannone da 47/32	colpi	n.	2000
" cannone " 47/40	"		100
" mitragliera Breda da 20. Mm.	"		3000
" mitragliatrici FIAT e Breda da 8 mm.	"		10000
" S.A.F.A.T. 12,7 mm.	"		3000
" mitra Berretta	"		10000
" moschetto '91	"		1000
" pistola Berretta calibro 9 corto	"		500

▲ Estratto dalla circolare del generale Besozzi di Carnisio dell'Ufficio Generale Ispettori del Ministero della Guerra del 18 marzo 1045, con la quale veniva tracciato una sorta di protocollo di emergenza per la protezione delle sedi ministeriali del gardesano. Il documento stabiliva che, in caso di attaco o di pericolo, venisse formato un "Nucleo Mobile di Manovra" costituito dal Gruppo Corazzato del "Leoncello" e da un Reparto Mobile organizzato a cura del Quartier Generale. Presso la sede del reparto corazzato sarebbero dovuti rimanere a disposizione 2 carri armati e 15 militari di truppa, al comando di un sottufficiale. La circolare riportava indicazione dell'organico e della disponibilità di automezzi e mezzi corazzati del "Leoncello" a quella data, dati molti interessanti per comprendere al dimensione effettiva del reparto comandato dal capitano Zuccaro (archivio Pignato).

Il Leoncello

(CASA DEL FASCIO DI TORTONA - AUTUNNO 1943)

"FOGLIO SUPER-CORAZZATO DEI CORAZZATI!"

LA REDAZIONE E' COMPOSTA ESCLUSIVAMENTE DI COMBATTENTI, MUTILATI E DECORATI AL V. M.

TRADIZIONI

(righe vere di un carrista)

IL LEONCELLO SOGNA...

... E QUALCHE VOLTA I SOGNI PREANNUNCIANO LA REALTA'

Milanesi, aiutateci, aiutatevi, aiutiamoci!

Cercasi lussuosa autovettura circolante per Milano

Il mistero dell'Alfa Romeo

Il mistero dell'Alfa Romeo sport targa CO. 17926 ...

I DISONESTI - GLI AMBIGUI - I CAMALEONTI

I disonesti

I camaleonti

Gli ambigui

COSI'

LA VITA E' BELLA, TANTO BELLA...

▲ Prima pagina del numero 21, anno III, del 23 marzo 1945 della rivista "Il Leoncello". Il periodico, che era stampato su di un unico foglio, dopo la costituzione dell'omonimo reparto corazzato ebbe come sottotitolo "Foglio super-corazzato dei corazzati!" e presentava, accanto a fotografie, vignette e brevi testi inerenti il Gruppo di Zuccaro, articoli di cronaca, con un particolare stile caustico (Crippa).

Modello N.

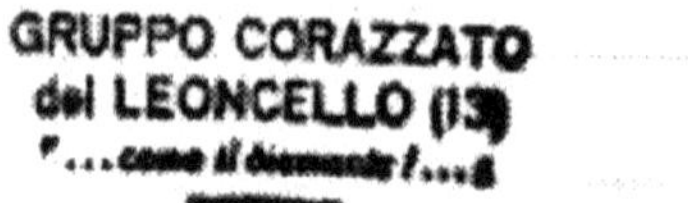

GRUPPO CORAZZATO
del LEONCELLO (13)
"...come si comanda!..."

Mese di Marzo 1945 XXIII

GIORNALE DI CONTABILITÀ

RUOLINO del personale (Ufficiali, sottufficiali e militari di truppa).

DIMOSTRAZIONE degli assegni pagati e delle ritenute effettuate ai sergenti maggiori, sergenti, graduati e militari di truppa.

RUOLINO dei quadrupedi.

CONTO delle somministrazioni in natura agli Ufficiali, sottufficiali, militari di truppa e quadrupedi.

Visto e riconosciuto esatto.

P. d. C. 867 li 31 - 3 1945

IL CAPO UFFICIO D'AMMINISTRAZIONE

1) Indicazione del reparto.

▲ Giornale di Contabilità del Gruppo Corazzato "Leoncello" con il riepilogo della gestione economica del reparto del mese di marzo del 1945. Il Giornale veniva compilato il primo giorno di ogni mese, sulla base dei movimenti di cassa del mese precedente e doveva essere consegnato all'Ufficio Amministrazione entro i 5 giorni successivi alla scadenza del mese. Tutti i militari (sia effettivi che eventuali in sussistenza) erano tenuti a firmare per quietanza per le somme in denaro corrisposte nel mese, solo ufficiali e marescialli erano esentati dall'obbligo. Il Giornale era completato in ogni pagina con le firme del Comandante del Gruppo, capitano Gian Carlo Zuccaro, e del Sottufficiale di contabilità, sergente maggiore Vincenzo Speranza. Come abbiamo visto, il tenente Giacomo Cossu dello Squadrone Comando fungeva da Ufficiale Addetto all'Ufficio Amministrazione (Fondazione della R.S.I. – Istituto storico di Terranuova Bracciolini).

MINISTERO DELLE FORZE ARMATE

bo/Ca

GABINETTO

Prot. N. [illegible]   P. d. C. 867, addì 17 APR XXIII

OGGETTO: autorizzazione acquisto carburanti.-

AL GRUPPO CORAZZATO " LEONCELLO "

S E D E

^^^^^^^^^^^^^

Si autorizza codesto Comando ad acquistare i seguenti carburanti :

- benzina litri 200 a Lire 220 al litro.
- gasolio " 200 " " 140 " "

Il carburante dovrà essere tenuto di scorta.-

IL CAPO DI GABINETTO
-M. Bocca-

▲ Autorizzazione del Ministero delle Forze Armate all'acquisto di carburante da parte del Gruppo Corazzato del "Leoncello", firmata dal Capo di Gabinetto Bocca del 17 aprile 1945 (Centro Studi RSI di Salò (BS) - Fondo Archivistico "Vittorio Martinelli").

MINISTERO DELLE FORZE ARMATE

COMANDO GRUPPO CORAZZATO DEL LEONCELLO

==============

47

V E R B A L E N° 8

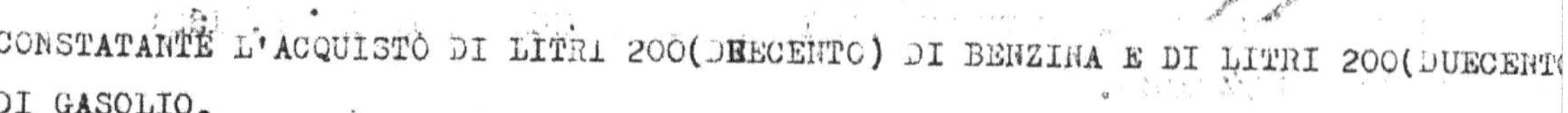
CONSTATANTE L'ACQUISTO DI LITRI 200(DUECENTO) DI BENZINA E DI LITRI 200(DUECENTO)
DI GASOLIO.

==========000000000==========

L'anno millenovecentoquarantacinque addì ~~18~~ APRILE in Desenzano

S I A N O T O

che la sottonotata Commissione composta come segue:

PRESIDENTE Capitano Gian Carlo Zuccaro.

MEMBRO Tenente Giacomo Cossu.

MEMBRO S. Tenente Amedeo Quagliata.

si è riunita oggi per procedere all'apprezzamento ed all'acquisto dei materiali di cui all'oggetto.

L A S T E S S A C O M M I S S I O N E

tenuto conto della necessità di assicurare il servizio del Gruppo

visto che nella fattinspecie ricorrono le condizioni di eccezionale urgenza di cui all'art. I9 del D.L. 2I Giugno 1940 N° 856 sulla gestione patrimoniale e finanziaria in tempo di guerra;

constatato previo controllo tecnico che il materiale possiede i requisiti richiesti, per l'uso cui è destinato:

ritenuto che i prezzi pagati sono in relazione alle circostanze eccezionali del momento ed alle richieste del mercato libero cui fu giocoforza ricorrere

D E L I B E R A

Di acquistarli per conto del Gruppo nella misura ed al prezzo sottoindicato:

Litri 200 di Benzina a Lt. 220 il litro = Complessivamente Lt. 44.000 =
Litri 200 di Gasolio a Lt. I40 il litro = Complessivamente Lt. 28.000 =

================

COMPLESSIVAMENTE TOTALE Lt. 7 2.000=

Avendo il venditore preteso il pagamento immediato della merce ed essendosi il medesimo rifiutato di rilasciare regolare quietanza della somma ricevuta la Commissione dà atto di aver pagato in contanti al suddetto venditore la somma di Lire 72.000 (Settantaduemila)== della cui somma il presente verbale costituisce il documento giustificativo.

Fatto, letto e chiuso alla data e luogo come sopra.

IL PRESIDENTE
(Cap. G. Carlo Zuccaro)

IL MEMBRO
(Ten. Giacomo Cossu)

IL MEMBRO
(S.Ten. Amedeo Quagliata.)

SI DICHIARA CHE I MATERIALI DI CUI CONTRO SONO STATI INTRODOTTI REGOLARMENTE SUL REGISTRO DELLE INTRODUZIONI MOD. 1023 IN DATA 18/4/1945.

P. DA C. 867 DI 19/4/1945

IL CAPO UFFICIO MATERIALI

IL COMANDANTE
(Cap. Gian Carlo Zuccaro)

▲ Il 18 aprile 1945, a seguito dell'autorizzazione ricevuta dal Ministero delle Forze Armate, si riunì a Desenzano del Garda (BS) una Commissione composta dal capitano Zuccaro, con funzioni di presidente, dal tenente Cossu e dal sottotenente Quagliata Verbale per deliberare l'acquisto del carburante necessario al Gruppo "Leoncello", probabilmente in vista di possibili azioni militari conseguenti all'evolversi negativo degli eventi bellici. Nel verbale, che viene qui riprodotto, viene stabilito di procedere all'acquisto di 200 litri di benzina e di 200 litri di gasolio, per una spesa totale di 72.000£ (Centro Studi RSI di Salò (BS) - Fondo Archivistico "Vittorio Martinelli").

L'INSURREZIONE DEL NORD

Fotocronaca inedita della liberazione dell'Alta Italia

NUMERO SPECIALE

LA SETTIMANA

SUPPLEMENTO AL N. 17 - 6 MAGGIO 1945

LIRE QUINDICI

▲ Numero speciale de "La settimana", periodico diffuso nel dopoguerra: supplemento illustrato al numero 17 del 6 maggio 1945 intitolato "L'insurrezione del Nord - Fotocronaca inedita della liberazione dell'Alta Italia". Sulla copertina di questa rivista di 8 pagine si trova una ben nota fotografia del carro armato M13/40 del Gruppo Corazzato del "Leoncello, con il nome di battaglia "Tempesta", catturato dai partigiani della Brigata "Matteotti" di Pioltello nella notte tra il 24 ed il 25 aprile 1945, mentre viene impiegato dagli insorti a Milano in via Cernuschi, angolo viale Premuda (Crippa).

BIBLIOGRAFIA

Libri

- AA.VV., “I sbarbàa e i tosànn che fecero la Repubblica”, Lupetti Editori di Comunicazione, Milano, 2006.
- AA.VV., “Storia dei mezzi corazzati”, Fratelli Fabbri Editori, Milano 1976.
- Arena Nino, “Italia in guerra”, Ermanno Albertelli Editore, Parma, 1997.
- Arena Nino, “R.S.I. – Forze Armate della Repubblica Sociale – La guerra in Italia – 1943 – 1944 – 1945”, Ermanno Albertelli Editore, Parma, 2002.
- Barlozzetti Ugo, Pirella Alberto, “Mezzi dell’Esercito italiano 1935 – 1945”, Editoriale Olimpia, Firenze, 1986.
- Cappellano Filippo, Pignato Nicola, “Gli autoveicoli da combattimento dell’Esercito Italiano”, volume I, S.M.E. – Ufficio Storico, Roma, 2002.
- Cappellano Filippo, Pignato Nicola, “Gli autoveicoli da combattimento dell’Esercito Italiano”, volume II, S.M.E. – Ufficio Storico, Roma, 2002.
- Cappellano Filippo, Pignato Nicola, “Insegne, uniformi, distintivi e tradizioni delle Truppe Corazzate Italiane”, T & T edizioni, 2005.
- Ceva Lucio, Curami Andrea, “La meccanizzazione dell’Esercito fino al 1943”, S.M.E – Ufficio Storico, Roma, 1989.
- Corbatti Sergio, Nava Marco, “Come il diamante!”, Laran Editions, Bruxelles, 2008.
- Crippa Paolo, “I Reparti Corazzati della Repubblica Sociale Italiana 1943 -1945”, Marvia Edizioni, Voghera (PV), 2006.
- Crippa Paolo, “Italia 43 – 45 - I blindati di circostanza della guerra civile”, Mattioli 1885, Fidenza (PR), 2014,
- Crippa Paolo, “I mezzi corazzati italiani della guerra civile 1943 - 1945”, Mattioli 1885, Fidenza (PR), 2015,
- Cucut Carlo, “Le Forze Armate della R.S.I. 1943 1945 Forze di terra”, G.M.T., Trento, 2005.
- Guglielmi Daniele, “Italian Armour in German Service 19443 – 1945” Mattioli 1885, Parma, 2005.
- Guglielmi Daniele, Tallillo Andrea, Tallillo Antonio, “Carro L3. Carri veloci, carri leggeri,derivati”, GMT, Trento, 2004.
- Guglielmi Daniele, Tallillo Andrea, Tallillo Antonio, “Carro L6 – Carri leggeri, semoventi, derivati”, GMT, Trento, 2007.
- Guglielmi Daniele, Tallillo Andrea, Tallillo Antonio, “Carro M. Carri medi M11/39, M13/40, M14/41,M15/42, semoventi e altri derivati”, GMT, Trento, 2010.
- Guglielmi Daniele, Tallillo Andrea, Tallillo Antonio, “Carro M. Carri medi M11/39, M13/40,

M14/41,M15/42, semoventi e altri derivati", volume 2, GMT, Trento, 2012.
- Kuchler Heinz, "Fregi, mostrine, distintivi della R.S.I.", Intergest, Milano, 1976.
- Lombardi Andrea, "La Controbanda!", Soldiershop Publishing, Zanca (BG), 2018.
- Marconi William, "L'aprile 1945 tra Tirano e Grosio", Museo Etnografico Tiranese, Tirano (SO), 1996.
- Meleca Vincenzo, "I carri armati poco conosciuti del Regio Esercito. Prototipi, piccole serie e carri esteri", Associazione Culturale TraccePerLaMeta, Sesto Calende (VA), 2015.
- Osti Guerrazzi Amedeo, "Le udienze di Mussolini durante la Repubblica Sociale Italiana 1943 - 1945", Deutsches Historisches Intitut in Rom - Istituto Storico Germanico di Roma, Roma, 2019.
- Pansa Giampaolo, "Il gladio e l'alloro. L'esercito di Salò", Mondadori, Milano, 1991.
- Pignato Nicola, "Italian Armored Vehicles of World War Two", Squadron Signal Publications, USA, 2004.
- Pignato Nicola, "Italian Medium Tank in Action", Squadron Signal Piblications, USA, 2001.
- Pignato Nicola, "Motori!!! Le truppe corazzate italiane 1919 - 1994", GMT, Trento, 1995.
- Pisanò Giorgio, "Gli ultimi in grigioverde", Edizioni F.P.E., Milano, 1994.
- Pisanò Giorgio, "Storia della Guerra Civile in Italia", Edizioni F.P.E., Milano, 1967.
- Podda Vincenzo, "Morire col sole in faccia - Ridotto Alpino Repubblicano - Le Termopili del Fascismo", Ritter, Milano, 2005.
- Rocco Giuseppe, "Con l'Onore per l'Onore - L'organizzazione militare della R.S.I. sul finire della Seconda Guerra Mondiale", Greco & Greco Editori, Milano, 1998.
- Rosignoli Guido, "RSI - Uniformi, distintivi, equipaggiamenti ed armi 1943 - 1945", Ermanno Albertelli Editore, Parma, 1998.
- Sparacino Fausto, "Distintivi e medaglie della R.S.I.", E.M.I. - serie "Militaria", Milano, 1988.
- Sparacino Fausto, "Distintivi e medaglie della R.S.I., della Legione SS Italiana e dei Veterani della R.S.I", E.M.I. - serie "Militaria", Milano, 1994.
- Zanella Alessandro, "L'ora di Dongo", Rusconi Libri, Milano, 1993.
- Zuccaro Gian Carlo, "L'ultimo abbraccio - peripezie autobiografiche", Erga Edizioni, Genova, 1991.

Articoli

- Benvenuti Bruno, Curami Andrea, "La "chimera" del Regio Esercito: il carro P40", in "Storia Militare" numero 6 - marzo 1994,
- Crippa Paolo, "Gruppo Corazzato Leoncello", in "Historica Nuova" numero 13 - Settembre 2005, Centro Studi di Storia Contemporanea, Torino.
- Crippa Paolo, David Zambon, "Les unitès blinde de la Repubblica Sociale Italiana" di Paolo Crippa e David Zambon, in "Battailles & Blindes", numero 34, Caraktère SARL, Marsiglia (Francia).

- Crippa Paolo, “La nuova uniforme per i Carristi della Repubblica Sociale”, in “Milites”, numero 33 – gennaio/febbraio 2009, Marvia Edizioni, Voghera (PV).
- Crippa Paolo, “I blindati della battaglia di Tirano 27- 28 aprile 1945” in “SGM - Seconda Guerra Mondiale”, numero 6 - maggio/giugno 2009.
- Crippa Paolo, “Il Gruppo Corazzato del Leoncello (13)”, in “Ritterkreuz” numero 52 – luglio 2017.
- Profumi Amedeo, “Tortona – Gian Carlo Zuccaro 1914 – 1991”, in “Nuovo Fronte”, 1991.
- Ronconi Guido, “Il P40 dopo l’Armistizio” in “Storia Militare” numero 85 – agosto 2000.
- Scalpelli Adolfo, “La formazione delle forze armate di Salò attraverso i documenti dello Stato maggiore della RSI”, in “Il movimento di liberazione in Italia” numeri 72 e 73, a cura dell’I.N.S.M.L.I., senza editore, 1963.

Riviste

- “Storia Militare”, Ermanno Albertelli Editore, Parma – numeri vari.
- “Ritterkreuz”, - numeri vari.
- “Historica Nuova”, Centro Studi di Storia Contemporanea, Torino – numeri vari.
- “Acta”, Fondazione della R.S.I. – Istituto Storico, Terranuova Bracciolini (AR) – numeri vari.
- “Il Carrista d’Italia – Periodico dell’Associazione Nazionale Carristi d’Italia”, Associazione Nazionale Carristi d’Italia, Roma – numeri vari.
- “Il Martirio di un Popolo. 1943-1945”, numero del 13 ottobre 1952, Edizioni Rievocazioni Storiche, a cure di Antonio Franzolini.
- “L’insurrezione del Nord – Fotocronaca inedita della liberazione d’Italia”, supplemento a “La settimana”, numero 17, 6 maggio 1945.

Rivista “Il Leoncello”

- Anno I
  - numero 1 del 20 dicembre 1943
- Anno II
  - numero 2 del 10 gennaio 1944
  - numero 4 del 20 gennaio 1944
  - numero 6 del 20 febbraio 1944
  - numero 7 del 1° marzo 1944
  - numero 8 del 10 marzo 1944
  - numero 11 del 5 novembre 1944
  - numero 12 del 23 novembre 1944
  - numero 16 del 5 gennaio 1945
- Anno III
  - numero 17 del 15 gennaio 1945

- numero 20 del 13 marzo 1945
- numero 21 del 25 marzo 1945

Pubblicazioni varie

- Conti Arturo, "Albo dei Caduti e dei Dispersi della Repubblica Sociale Italiana", Fondazione della R.S.I. – Istituto Storico, Terranuova Bracciolini (AR), 2019.
- "Elenco "Livio Valentini" - Caduti Repubblica Sociale Italiana", 2020.

Documenti in possesso dell'autore in originale o in copia

- Corrispondenza del Carrista Ferdinando G, in forza alla 1ª Compagnia del 1° Battaglione Addestramento del 32° Deposito Carristi di Verona, copie in possesso dell'autore, datate dal 21 dicembre 1943 al 9 febbraio 1944.
- "Situazione Comandi ed Enti Territoriali Vari – 5 agosto 1944/XXII" nel Fascicolo 1 "Enti Territoriali vari", copia fotostatica in possesso dell'autore.
- "Istruzione provvisoria sull'uniforme dell'Esercito Nazionale Repubblicano", Ministero delle Forze Armate, Tipografia delle FF.AA., Anno XXII.
- "Verbale di interrogatorio di Bagnani Bajardo di Silvio e di Boccini Adele, nato a Roccastrada (Grosseto) il 18/9/1921, ivi domiciliato e residente a Montespertoli-frazione Martignana, studente", Legione Territoriale dei Carabinieri Reali di Firenze, Stazione di Montespertoli del 23 maggio 1945.

Documenti conservati presso il Centro Studi RSI di Salò (BS) – documenti conservati nel Fondo Archivistico "Vittorio Martinelli - FFAA RSI - Gruppo Corazzato del Leoncello (1944-1945) – documenti d'epoca"

- "Organico" (elenco nominativo compilato a mano);
- Frontespizio intestato del Ministero delle Forze Armate – Gabinetto, recante i timbri del Gruppo Corazzato del "Leoncello".
- Dichiarazione della Sezione Distaccata Militare Alimentazione di Desenzano, 9 febbraio 1945.
- "Certificato per viaggi e servizi isolati compiuti dagli ufficiali", 18 febbraio 1945 .
- Ordine di trasferimento del sergente Armando Piola dal Deposito della Divisione "Italia" al Gruppo Corazzato del "Leoncello", 21 febbraio 1945.
- "Foglio di viaggio pei militari isolati", 22 febbraio 1945.
- Fattura per la fornitura di viveri, 25 febbraio 1945.
- "Dichiarazione relativa al premio in denaro in luogo di licenza", 26 febbraio 1945.
- "Ordine di pagamento" per i fogli di viaggio di sottufficiali e truppa del mese di febbraio, 28 febbraio 1945.

- Ordine di trasferimento del Comando Generale del Servizio Ausiliario Femminile al Gruppo Corazzato del "Leoncello" per l'Ausiliaria Nedda Tonegutti, 28 febbraio 1945.
- Circolare inerente le "Anticipazioni fondi al personale militare in determinate posizioni", 5 marzo 1945.
- "Foglio di viaggio pei militari isolati", 8 marzo 1945.
- "Certificato per viaggi e servizi isolati compiuti dagli ufficiali", 12 marzo.
- "Elenco dei militari visitati dal medico condotto di Polpenazze durante il mese di marzo 1945", 31 marzo 1945.
- Ricevute di pagamento degli stipendi del mese di marzo 1945, 27 marzo 1945.
- Ricevute di pagamento per anticipo di 6 mensilità di stipendio a militari del Gruppo, 27 marzo 1945.
- Ordine di riscossione trattenute a sottufficiali per il possesso e l'utilizzo di materiale di proprietà dell'Amministrazione Militare, 31 marzo 1945.
- Ricevuta di pagamento per anticipo stipendio prima decade del mese di aprile 1945, senza data.
- "Certificato per viaggi e servizi isolati compiuti dagli ufficiali", 10 aprile.
- "Certificato per viaggi e servizi isolati compiuti dagli ufficiali", 11 aprile.
- "Certificato per viaggi e servizi isolati compiuti dagli ufficiali", 12 aprile.
- Autorizzazione del Ministero delle Forze Armate e Verbale per l'acquisto di carburanti, 17 e 18 aprile 1945.
- Ricevute di pagamento datate 22 e 24 aprile 1945 con causali varie, rilasciate a privati e militari del Gruppo.

Documenti conservati presso la Fondazione della R.S.I. – Istituto storico di Terranuova Bracciolini (AR)

- "Gruppo Corazzato del Leoncello – Giornale di contabilità – Ruolino del personale", del 31 marzo 1945 e riferito allo stesso mese di marzo.

Documenti conservati presso lo Stato Maggiore dell'Esercito - V Reparto Affari Generali - Ufficio Storico (Roma) – Fondo L1 - RSI

- "Specialisti per la 26ª Divisione corazzata germanica; costituzione di unità semoventi italiane; avviamento di personale Carrista al 1° Deposito Carristi di Verona: corrispondenza", 14 dicembre 1943 – 21 ottobre 1944, fascicolo 1095 – 1/2.
- "Fonogrammi dello SME.- Uff. operazioni e servizi relativi alla Scuola Carristi San Michele di Verona", 1 – 6 febbraio 1944, fascicolo 1997 – 1/1.
- "Scioglimento del Deposito 31° Reggimento Carristi; formazioni e organici del 1° Deposito Carristi: lettera circolare dell'Uff. ordinamento e mobilitazione dello SME", 20 febbraio 1944, fascicolo 1099 - C.

- “Scioglimento del deposito 31° Reggimento Carristi; formazioni e organici del 1° Deposito Carristi: lettera circolare dell’Uff. ordinamento dello SME”, 20 febbraio 1944, fascicolo 1104 - 1/10.
- “Situazione automezzi e carri armati del 1° Deposito Carristi; scioglimento del 1° Deposito Carristi; rimessa in efficienza di carri armati; recupero di materiale Carrista; organici e dipendenza dal 27° Deposito misto provinciale dell’Officina autonoma Carristi: corrispondenza”, 16 marzo – 4 dicembre 1944, fascicolo 1110 - tr/I/14/21.
- “Scioglimento del 1° Deposito Carristi: lettera circolare dell’Uff. ordinamento e mobilitazione dello SME”, 30 agosto 1944, fascicolo 1103 – 0/03.
- “Nominativo, organici e dipendenza dal 27° Deposito misto provinciale dell’Officina autonoma Carristi: lettera circolare dell’Uff. ordinamento e mobilitazione dello SME”, 4 dicembre 1944, fascicolo 1096, III/C.
- “Nominativo, organici e dipendenza dal 27° Deposito misto provinciale dell’Officina autonoma Carristi: lettera circolare dell’Uff. ordinamento e mobilitazione dello SME”, 4 dicembre 1944, fascicolo 1105 – 1/11.
- “Invio di personale per il Reparto corazzato Leoncello del Ministero delle FF.AA.: corrispondenza”, 6 febbraio – 7 aprile 1945, fascicolo 1108 - E/7.
- “Elenco del personale trasferito dall’autoreparto al Gruppo squadrone corazzato Leoncello: ordine permanente n. 4 del MFFAA - Comando Quartier Generale”, 8 febbraio 1945”, fascicolo 1107 – M/3.
- “Elenco nominativo degli ufficiali trascritti nei ruolini tascabili della 4ª, 5ª e 6ª Compagnia deposito Carristi (Verona) e nel ruolino tascabile della Compagnia deposito 32° Reggimento fanteria Carrista (Verona) dell’anno 1944”, 12 ottobre 1945, fasciolo 2178 – “censimento”.

Documenti conservati presso il Bundesarchiv – Militärachiv - Freiburg

- Bestand RH10, Akeband 114.

TITOLI GIÀ PUBBLICATI
TITLES ALREADY PUBLISHING

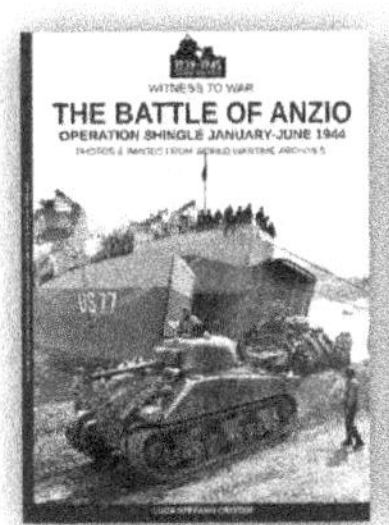

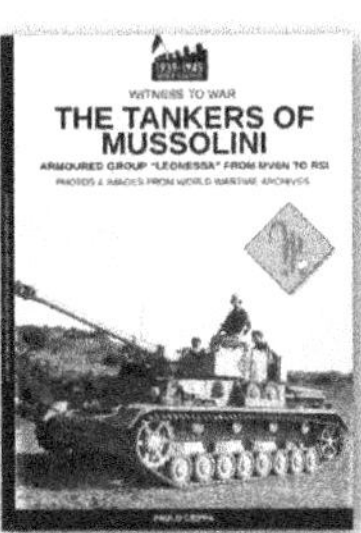

BOOKS TO COLLECT